JN317482

口絵1　ファン・デル・ウェイデン、受胎告知、1440年頃

口絵 2 (上)　ドゥッチオ、最後の食事、1308-1311年
口絵 3 (左頁)　カラヴァッジオ、キリストの埋葬、1602-03年

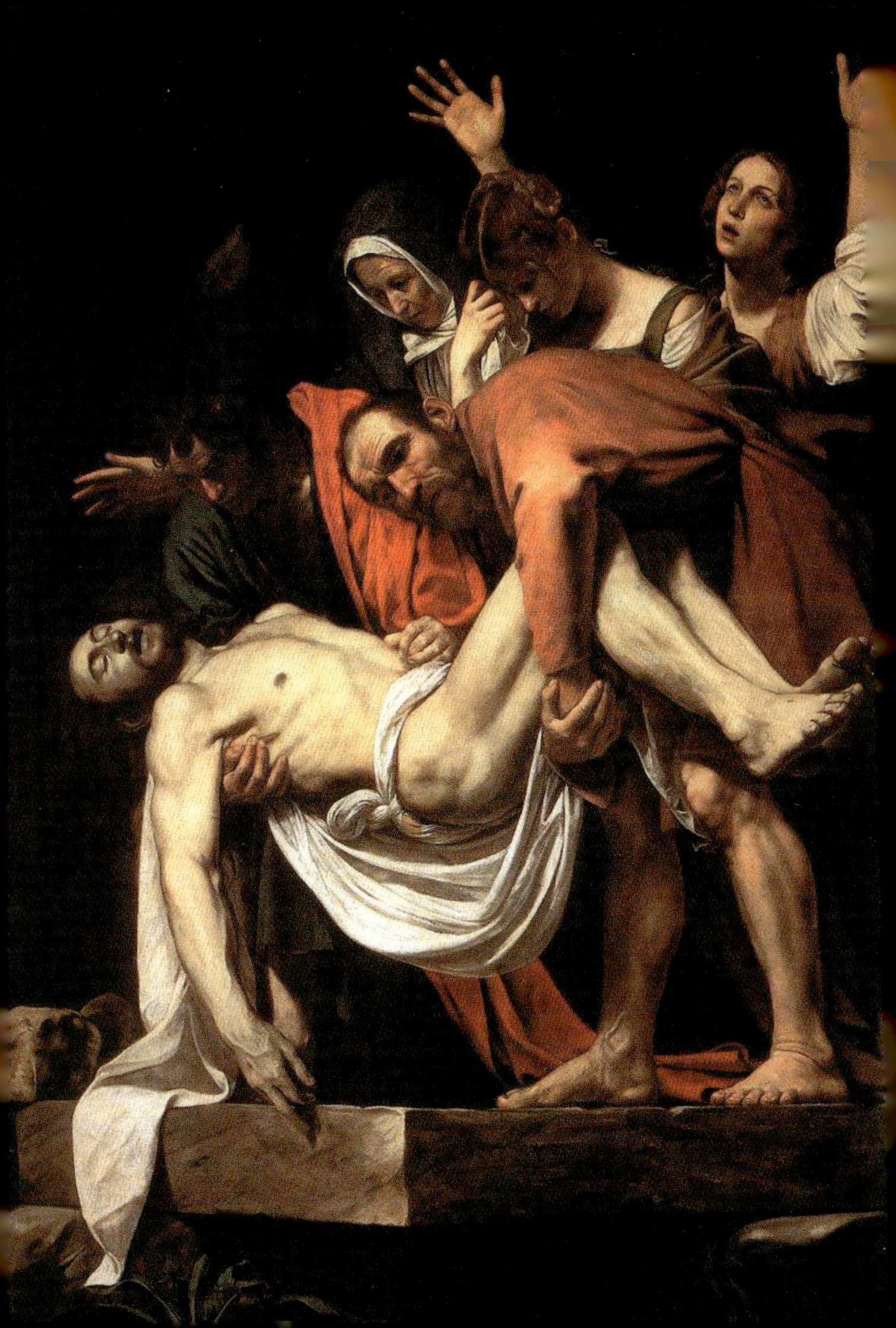

口絵4　ファン・エイク、最後の審判、1420-25年

ちくま学芸文庫

美術で読み解く 新約聖書の真実

秦 剛平

筑摩書房

美術で読み解く　新約聖書の真実

美術で読み解く　新約聖書の真実

はしがき

本書は新約聖書と美術を扱ったものであり、それにつづくのは旧約聖書と美術を扱った一書と、キリスト教と美術を扱った一書である。ここで言う「美術」とは西洋キリスト教美術のことであり、その個々の作品の多くは感動の対象としてではなく、批判の対象として意識されている。

新約聖書と旧約聖書。

「新」と「旧」。

「新」の登場は「旧」の存在を否定し、それとの差別化を試みるが、早い時期のキリスト教徒たちは、「旧」約聖書がキリストとしてのイエスの到来を予示していると理解し——いや、「誤解し」と言うべきか——、「旧」約聖書をポイ捨てする機会を失う。二世紀以降に登場した教会の物書きたちは、それこそ目をさらのようにして、「旧」約聖書の中に「新」約聖書を予示するものがないかとしてそれを読み、それを解釈したのである。人はこの解釈を「予型論的解釈」と呼び、わたしはこれを「予型論的こじつけ」とか「予型論的屁理屈」と呼んでいる。解釈は学問の一領域になり得るが、こじつけや屁理屈は学問とは無縁である。無縁であるべきであり、無縁でなければならない。

わたしは「新」と「旧」の差別化を是とする者ではないが、あくまでも便宜的に、少しばかり忸怩たる思いで「新」と「旧」を分けることがある。本シリーズ三分冊中の最初の二冊もその区分けにしたがっている。差別化を是認して二つに分けているわけではない。

新約聖書と美術を扱った第一分冊(本文内『新約篇』)は、七つの大きな主題を扱う。旧約聖書と美術を扱った第二分冊(本文内『旧約篇』)は、天地創造、人類の誕生、ノアの箱舟、アブラハム物語、ヤコブ物語、ヨセフ物語、モーセ物語、ヨシュア物語、士師物語、ルツ物語、サムエル物語、サウル物語、ダビデ物語、ソロモン物語の中の主要なテーマと、それに関わる画像を紹介する。それぞれの主題の画像が一五点以上を超えることはない。第三分冊は、第一分冊とは異なり、語るべき主題が多いので、いきおい画像の選択は限定せざるを得なかったが、その取捨選択では、可能なかぎり多くの画像に目配りした上で、その中から代表的と思われるものや、あまり紹介されてこなかったものを選んだ。ソロモン以降も短い章立てをしたが、そこでの話は紀元前六世紀のバビロン捕囚への言及で終わる。捕囚以降のペルシア時代を扱わなかったのは、それ以降のユダヤ史がよく分からないからである。歴史の上では継続があったのであろうが、それでさえ確信をもって言えるものではない。アレクサンドロスの東征以後のユダヤ史を語る文書は「旧」約聖書の中にはなく、外典や、偽典、一世紀のユダヤ人の物書きヨセフスの著作の中にもとめざるを得ないが、そうなると「旧」約聖書の範囲を大きく逸脱してしまう。将来のいつか、それはそれで独立させて扱うこともあるであろう。第二分冊がバビロン捕囚への言及で終わらざるを得ない事情がお分かりいただけると思う。

「旧」と「新」の二分冊につづくのは、西欧キリスト教美術の展開に大きく関わる主題を扱う第三分冊（本文内『聖母マリア篇』）であるが、そこではカタコンベの美術や、ドウラ・エウロポスで発掘されたシナゴーグの壁画、三位一体の神表現、ラベンナ、キリスト教的反ユダヤ主義などが取り上げられ、西欧キリスト教美術の根底にあるものが意識される。わたしは読者諸氏が、そこでの議論の一部から、あるいはその全体から、わたしの西洋キリスト教世界への理解や批判を読み取ってくださることを願っている。わたしはキリスト教美術を学びはじめてから一万点近くの画像を収集・分類しつづけてきたが、その作業プロセスでわたしが立ち至った認識は、西欧キリスト教世界が一神教の世界ではなく、「多神教の世界」であったということであり、その世界形成に与った因子は四世紀のニカイア公会議で侃々諤々の議論の上承認された「三位一体」の面妖な神学に遡るというものであった。このような認識は多くの読者を戸惑わせるものになるかもしれないが、収集・分類した画像こそはわたしの認識を支えてくれる物言わぬ有力な証拠だったのである。

二〇〇九年九月

オックスフォードにて　　秦　剛平

第1章　洗礼者ヨハネの登場

七〇年代以降に描かれた福音書について

新約聖書にはマタイ、マルコ、ルカ、ヨハネの四つの福音書が収められております。ヨハネ福音書は、その内容からして、別扱いされます。最初の三つの福音書は、イエスの生涯の一部を似たような視点から見ているということで――本当は、それほど簡単には言えないのですが――、そしてまた似たような筋書きで物語が展開していることから、一般に「共観福音書」と呼ばれております。これは覚えておいてよい言葉ではなかろうかと思います。「共感福音書」ではありません。ご注意ください。

マルコ福音書は、一般に、紀元後の七〇年代に、マタイ福音書は八〇年代に、そしてルカ福音書は九〇年代に書かれたと想定されます。

パレスチナにおいては、六六年から七〇年まで対ローマのユダヤ戦争が起こりましたが、共観福音書はどれもこの戦争が終わった後に、書かれたのです。どうかこの事実とこの戦争のことはみなさん方の記憶の片隅にとどめておいてください。非常に重要です。ユダヤ人たちは、この戦争に敗北して都エルサレムと神殿を失うことになるからです。これはたとえて言えば、敗戦で東京が焼け野原となったばかりか、皇居や明治神宮まで炎上してその姿を消したようなものですが、戦争を体験したことのない若い世代の人たちには、このたとえのイメージは分かりにくいかもしれません。

この災禍の結果のインパクトは非常に大きなものでした。

それまでのユダヤ教は神殿あっての宗教でしたから、敗戦後、パレスチナのユダヤ教の指導者たちは神殿なきユダヤ教の延命策をいろいろと考えました。彼らはパレスチナのヤブネと呼ばれる小さな村に集まると、ユダヤ教を定義し直し、その再建の道を探ったのです。もっとも、このユダヤ教の再定義がパレスチナの外に住むディアスポラ（離散）のユダヤ人たちにどこまで影響を及ぼしたのかは不明です。彼らは神殿税を納めていたものの、神殿の影響外にあったように思われるからです。

他方キリスト教ですが、それは七〇年代ころまでに、パレスチナの内と外において、かなりの力を得るようになりました。パウロはすでに四七年ころ、四九年ころ、そして五三年ころと、都合三回も小アジアやギリシアの諸都市で伝道活動を行っております。

小アジアは現在のトルコのことです。キリスト教徒たちの中からはパウロにつづく者が大ぜい出てきます。地中海世界の各地で「家の教会」と呼ばれる教会が出現し――最初の教会は有力者が提供した家だったのでそう呼ばれたのです――、やがてそれが大きなものへと発展します。七〇年代や八〇年代は、多分、家の教会からより大きな教会へ発展する過渡期だったと思われます。ユダヤ教徒が売り出した手頃なシナゴーグがあれば、キリスト教徒たちはそれを買い叩いて自分たちの教会にしました。そこに不動産屋が介在したかどうか、その辺りのことは研究の余地があると思われますが、まあ、こんな風景を頭に描きながら、共観福音書の記者たちが洗礼者ヨハネをどう扱ったかを見てみたいと思います。

マルコ福音書と洗礼者ヨハネ

マルコ福音書の冒頭は、「神の子イエス・キリストの福音のはじめ」ではじまり、ついで、『預言者イザヤの書にこう書いてある』と記して、イザヤ書の言葉を引きます。

その言葉とは、

「見よ、わたしはあなたより先に使者を遣わし、あなたの道を準備させよう。
荒れ野で叫ぶ者の声がする。
『主の道を整え、
その道筋をまっすぐにせよ。』」

というものです。

マルコはこのイザヤの言葉を引いた後、それにつづけて、
(一)ヨハネがこの預言者の言葉どおり、荒れ野に現れ、悔い改めの洗礼を宣べ伝えたこと、
(二)ユダヤの全地方とエルサレムの住民がみな彼のもとに来て、罪を告白して洗礼を受けたこと、
(三)彼はラクダの毛衣を着、腰に革帯を締め、イナゴと野蜜を食べていたこと、
(四)彼よりも優れた者が登場し、その者は聖霊で洗礼を受けることになるとヨハネが述べたこと

などなどを箇条書きのように、実に簡潔に書き記しております。そしてそれにつづけて、一・九以下では、イエスがガリラヤのナザレから出てきて、ヨルダン川でヨハネか

ら洗礼を受けたことを記しております。ここまでの箇条書きを読むかぎりあまり問題はありません。しかし、ルカの福音書を読めば、ヨハネとイエスは互いに親類筋にあたることになっており、ルカを読んでマルコを読み直すと奇妙な気分にさせられます。なぜならば、マルコでは、ヨハネが身内の知り合いを「自分よりも優れた方」と呼んでいるからです。福音書を読む者はしらけてしまうのではないでしょうか？　もっとも、キリスト教の歴史を振り返りますと、彼らキリスト教徒たちは、そんなディテールにはあまり拘らないようです。

マタイ福音書では

この福音書でヨハネが登場するのは第三章です。第一章の冒頭ではイエス・キリストの系図が置かれ、それからイエス・キリストの誕生、占星術の学者たちの訪問、ヨセフ一家のエジプトへの逃避行などが語られ、第三章になってはじめて、ヨハネが登場します。

第三章の冒頭は次の言葉ではじまります（以下、訳文は新共同訳聖書から）。

「そのころ、洗礼者ヨハネが現れて、ユダヤの荒れ野で宣べ伝え、『悔い改めよ。天の国は近づいた』と言った。これは預言者イザヤによってこう言われている人である。

……」

この一文の冒頭は「そのころ」ではじまりました。

お気づきでしょうか、この副詞句はわたしたちを混乱させるものです。なぜならば、第三章に先行する第二章では、ヘロデ王の死後にエジプトに避難していたヨセフの家族が帰国したことが語られているのですが、エジプトへ連れて行かれたときのイエスはまだ幼子だったでしょうから——ヘロデによるベツレヘムとその周辺の男子殺害命令の対象は二歳以下でした——、もし第二章で語られている物語が「そのころ」ではじまる第三章に接続されるものであれば、一方ではイエスが幼子であることが前提とされ、他方ではヨハネが荒れ野で悔い改めを説く成人男子であることが前提とされておりますので、ヨハネとイエスの年齢差は歴然たるものとなります。まあ、少なくとも二人の間には二〇歳以上の年齢差があると想定しなければなりません。ところが第三章の一三節に目をやりますと、「そのとき、イエスが、ガリラヤからヨルダン川のヨハネのところへ洗礼を受けにきた」とあるのです。マタイにおける副詞句「そのころ」とか、「そのとき」の用法は、非常に曖昧なものであることを覚えておいてください。

ルカ福音書では

ではルカはどうでしょう。

ルカは、マルコやマタイとは大違いです。ルカではテオフィロという人物への献呈の言葉につづいて、ヨハネの誕生が最初に語られるのです。少しばかり読み上げてみます。

「ユダヤの王ヘロデの時代、アビヤ組の祭司にザカリアという人がいた。その妻はアロン家の娘のひとりで、名をエリサベトと言った。……エリサベトは不妊の女だったので、彼らには子供がなく、二人もすでに年をとっていた。さて、ザカリアは自分の組が当番で神のみ前で祭司の務めをしていたとき、祭司職のしきたりによってくじを引いたところ、主の聖所に入って香をたくことになった。香をたいている間、大勢の民衆が皆外で祈っていた。すると、主の天使が現れ、香壇の右に立った。ザカリアはそれを見て不安になり、恐怖の念に襲われた。天使は言った。『恐れることはない。ザカリア、あなたの願いは聞き入れられた。あなたの妻エリサベトは男の子を産む。その子をヨハネと名付けなさい。……』」(一・五―一三)

ザカリアは天使（み使い）のお告げにびっくりです。

彼は「わたしは老人ですし、妻も年をとっています」と答えます。彼がここで創世記に出てくるユダヤ民族の父祖のひとりアブラハムとその石女《うまずめ》の妻サライのことを思い起こしてもよさそうなものですが、それについては何も語られておりません。

さて、天使はザカリアに自己紹介をいたします。

「わたしはガブリエル、神の前に立つ者。あなたに話しかけて、この喜ばしい知らせを伝えるために遣わされたのである。あなたは口がきけなくなり、この事の起こる日まで話すことができなくなる。時が来れば実現するわたしの言葉を信じなかったからである。」（一・一九―二〇）

やがて、エリサベトは、ガブリエルの予告どおり、身ごもっていることを知ります。年老いたザカリアの渾身の一突きが功を奏して身ごもったのか、それとも、天使ガブリエルの受胎告知に「母の胎内にいるときから聖霊に満ちて……」とありましたから、聖霊によって身ごもったのか、わたしたちが知りたいその辺りのことはよく分かりません。天使ガブリエルはザカリアの親類筋にあたるマリアの所にも出かけて行って「受胎告知」、すなわち「妊娠通知」をいたします。

「さて、月が満ちて、エリサベトは男の子を産んだ。近所の人びとや親類は、主がエリサベトを大いに慈しまれたと聞いて喜びあった。八日目に、その子に割礼を施すために来た人びとは、父の名をとってザカリアと名付けようとした。ところが母は、『いいえ、名はヨハネとしなければなりません』と言った。しかし、人びとは、『あなたの親類にはそういう名の付いた人はだれもいない』と言い、父親に、『この子に何と名を付けたいか』と手振りで尋ねた。父親は字を書く板を出させて、『この子の名はヨハネ』と書いたので、人びとはみな驚いた。すると、たちまちザカリアは口が開き、舌がほどけ、神を賛美しはじめた。……」(一・五七―六四)

わたしたちはここまでヨハネとイエスの年齢差を問題にしておりますが、ルカ一・二六によれば、天使ガブリエルはヨハネの母エリサベトが妊娠六か月目に入ったとき、ヨセフの許嫁《いいなずけ》、つまりイエスの母となるマリアのもとを訪ねて「おめでとう、恵まれた方、主があなたとともにおられる」と、彼女がイエスを身ごもったことを暗に告げております。ヨハネもイエスも月満ちての正常分娩で生まれてきたのであれば、二人の間の年齢差はわずか六か月となります。それではマタイの記述とはまったく合いません。頭を抱えさせてくれるではありませんか。

わたしは洗礼者ヨハネの物語に史実性があるとは思っておりませんが、ここではこれに立ち入ることは避け、ヨハネの誕生、キリストと戯れる幼子ヨハネ、荒れ野の中のヨハネ、群衆に説教するヨハネ、ヨハネの首を所望したサロメなどの画像を見てみましょう。

ヨハネの誕生を描いた絵

最初にお見せするのはヨハネの誕生に関係するものです。

イタリアの画家ドメニコ・ギルランダイオ（一四四八―九四）がフィレンツェのサンタ・マリア・ノヴェッラ聖堂主礼拝堂の連作壁画として描いたものです（図1-1）。この絵の理解の参考になるのは、ある解説にあった「これはメディチ銀行の共同出資者ジョバンニ・トルナブオーニによって注文されたもので、ギルランダイオはあたかもフィレンツェの富裕な市民の家で起こった出来事のごとく聖なる物語を叙述している」（『オックスフォード西洋美術事典』講談社）という一文です。この簡潔な言葉の中にすべてが語られているようです。

図1-1　ドメニコ・ギルランダイオ、ヨハネの誕生、1486-90年

ベッドの上で身を起こしているのがエリサベトです。

福音書によれば、彼女は年老いております。ここでの彼女は年老いてはおりませんが、さりとて若くもありません。それなりに高齢者です。彼女の顔の表情や、緩慢な手の仕草などからそれが見て取れます。産後の疲れがまだ完全には取れておりません。左下に二人の女性が描かれております。右の一人は取り上げたばかりの赤ん坊を抱いてあやしているばかりか、乳を含ませております。彼女は乳母なのです。左隅の女性は、「わたしにも抱かせて」と言わんばかりに、両手を差し出しております。こちらも乳母かもしれません。フィレンツェの富裕な家での出産では——救急車で病院をた

図1-2　ドメニコ・ギルランダイオ、息子の名を書くザカリア、1486-90年

らい回しされた上での出産ではありません——、乳母が二人も三人もいてもおかしくありません。右半分には四人の女性が描かれております。いずれも、「ご出産おめでとうございます」とか何とか言いながら部屋に入ってきた女性で、そのうちの右端の女性は葡萄やりんごなどの盛られたトレイを頭の上に置き、左手にワインの瓶をもっております。もちろん、ここでの果物は銀座千疋屋の果物のような高級なものではありません。ワインはブランドものの高級ワインでもありません。フィレンツェ郊外のワイナリーで醸造された普通のものでしょう。

こちらも前の連作壁画の片割れです（図1-2）。

中央に描かれたザカリアが、「この子の名はヨハネ」（ルカ一・六三）と書字板にわが子の名をすらすらと書いております。この二枚の絵のどちらも登場人物は多いのですが、空間性ないしは開放性と静謐さを見る者に感じさせます。前者に登場する女性たちの数は八人ですが、見る者にかしましさは感じさせません。後者の登場人物は、生まれたばかりのヨハネを除いて一三人で、そのうちの何人かの女性はおしゃべりをしておりますが、その声は、開廊（Loggia）の大きな開口部から外に抜けております。したがって、ここでも静謐さが全体を支配しております。開廊の向こうに広がるフィレンツェ郊外の田園風景は、ザカリアの頭の上に描かれているだけに、この絵を見る者の目をそちらに向けさせます。

イタリアの女流画家アルテミシア・ジェンティレスキ（一五九七―一六五二）もヨハネ誕生の場面を描いております。彼女は「ユディトとホロフェルネス」と題する作品では、ユディトが剣を振りかざして寝入っている敵将のホロフェルネスの首を取る残忍な場面を二点ばかり描いております。宣伝になってしまいますが、そのうち一点は拙著『絵解きでわかる聖書の世界』（青土社）の表紙に使いました。

イタリアの画家フラ・アンジェリコ（一三八七―一四五五）は人家の壁を背景に座ってわが子の名前を書くザカリアを描いております。彼や、その前に描かれた乳母が抱くヨハネの頭には光輪が認められますが——この光輪は「頭光」と表現されることもあります——、エリサベトの頭の上には光輪が描かれておりません。ヨハネを誕生させた女主人公ですから、これは不公平。

マドンナ（マリア）が抱いている幼子キリストに口づけをして親愛の情を示している小さなヨハネを描いたのはサンドロ・ボッティチェリ（一四四四—一五一〇）です。

ここでのヨハネとキリストの年齢差はどうみても五、六歳です。ここでのヨハネは毛衣を着ております。よくよく見れば革帯も着用しております。十字架棒（十字架杖）を手に持たされておりますが、ヨハネを描くときにはしばしばこの十字架棒が描かれます。イエスの先駆けとされるからです。その絵を特色づけ、他の画家が描く同じ主題にも見られるものをアトリビュートと申します。美術史家が好んで使用する業界用語のひとつで、「持物《じぶつ》」などと、わけのわからぬ訳語を当てております。わたしは「属性」が適切な訳語ではないかと考えております。ボッティチェリの他の作品の中には産まれたばかりのイエスを抱くマドンナと、その傍らに十字架棒を手にして立つヨハネを描いたものがありますが、そこでのヨハネはすっかり成長して凜々しい少年ヨハネです。

フラ・バルトロメオ（一四七二—一五一七）は、ドミニコ会の修道士ジロラモ・サヴォナローラ（一四五二—九八）の説教に感動して、一四九九年にドミニコ会に入った上で画業に専念した画家です。彼の描く絵では、マドンナの左手が裸のヨハネの肩にかかっております（図1－3）。ここでのヨハネはすでに立ち歩きが出来るようですから、三歳くらいです。十字架棒は地面の上に置かれております。ヨセフの頭髪が薄くなっているのが気がかりです。生まれたばかりのイエスも「薄毛のイエス」です。それから判断すれば、ここでのイエスは聖霊からではなくて、マリアとヨセフの性的交渉から生まれたようです。この画家は、当時としては異端的な——現代では当たり前の——解釈をイエスの薄毛の中に巧みに隠しております。この薄毛は、作品の前にしばらく立っている必要を教えてくれます。四人の登場人物の頭の上には、三人のみ使いが空中浮遊しております。三人のうちのひとりはガブリエル（ルカ一・一九）でしょうが、他の二人は、多分、ミカエルとラファエルでしょう。この三天使の揃い踏みの画像は、「トビアと三人の天使（み使い）」と題するフランチェスコ・ボッティチーニ（一四四六－九七）が描くトビト記のある場面で見られるものです。

イタリアの画家フランチェスコ・バッキアカ（一四九四－一五五七）の絵では、エリサベトとマリアの座り姿が見られます。マリアに寄りかかるエリサベトの姿勢は、彼女とマリアの関係が密なるものであることを示唆いたします。

オラツィオ・ボルジアーニの、「聖家族、エリサベト、ヨハネ、天使」と題する作品ではエリサベトが随分の年寄りとして描かれております。ヨハネ、キリスト、マリア、ヨセフのそれぞれの頭が、左下から右上に斜めに伸びる一直線上に描かれておりますが、見る者は、何か遊園地のジェットコースターにでも乗せられているような不思議な気分にさせられます。右下に描かれている洗濯物を入れた大きな籠の存在も、見る者を落ち着かなくさせます。ヴァイオリンか何かを弾いているのは大天使のガブリエルでしょうが、どんな曲目を奏しているのでしょうか？

次はミラノの画家で貴族でもあったジョヴァンニ・アントニオ・ボルトラッフィオ（一四六六—一五一六）の作品です（図1-4）。左側の十字架棒を手にして立っている男がヨハネで、その十字架棒の巻き布には「この人を見よ」ではなくて、「神の子羊を見よ」がラテン語で記されております。中央にはマドンナと誕生して数か月の幼子キリストが描かれておりますが、マドンナの右に描かれている裸の男は三世紀後半にミラノで殉教者となり、そのため聖人に格上げされた聖セバスティアヌスです。ミラノ出身のボルトラッフィオにとっては、聖セバスティアヌスは同じ生まれ故郷、「ご当地出身の大切な聖人」となります。この人物にまつわる伝説は荒唐無稽なものばかりですが、それを知りたい方は中世に書かれたヤコブス・デ・ウォラギネの『黄金伝説Ⅰ』（平凡社ライブラリー）をぱらぱらとめくってみてください。ここでの聖セバスティアヌスが着用

図1-3　フラ・バルトロメオ、聖家族と洗礼者ヨハネ、1506-07年

図1-4　ジョヴァンニ・アントニオ・ボルトラッフィオ、聖母子と洗礼者ヨハネと聖セバスティアヌス、1500年

しているブリーフは柄ものですが、それには、たとえば新宿にある文化服装学院の先生でしたら、衣服史の視点から注目するのではないでしょうか？　この絵の左と右には、この絵の寄進者であるジャコモ・マルチオーネとその息子が描かれております。

図1-5　フランチェスコ・ディ・ジョルジオ・マルティーニ、洗礼者聖ヨハネ、1464年

荒れ野に登場した洗礼者ヨハネ

ヨハネのデビュー場所は荒れ野です。

パレスチナは荒れ野だらけですので、どの辺りの荒れ野か知りたいものです。

これはイタリアのシエナで活躍したフランチェスコ・ディ・ジョルジオ・マルティーニ(一四三九―一五〇一)が制作したものです(図1-5)。現在シエナの美術館で見ることができます。作品の高さは一八一センチですから、だいたい等身大のヨハネ像だと思ってください。ヨハネは洗礼を授けてもらおうとやって来た群衆に向かって、「まむしの子らよ、差し迫った神の怒りを免れると、だれが教えたのか。悔い改めにふさわしい実を結べ。『われわれの父はアブラハムだ』などという考えを起こすな」と言ったと、ルカ福音書の第三章には書いてあります。あんなに可愛かった子が、こんな激情的な、理性による抑制のきかない言葉をぶつけるような大人になってしまったのでしょうか?この立像も、そのような激しい気迫のこもった表情をしております。聴衆が泡を食って逃げ出さなかったか心配です。

イタリアの彫刻家ピエトロ・ベルニーニ(一五六二―一六二九)も、将来教皇のウルバン八世となる人物(マッフェオ・バルベリーニ枢機卿)の注文を受けて、洗礼者ヨハネの大理石像を制作しました。高さは二四三センチ。頭髪も、口ひげも、毛衣も、腰帯も、そして子羊も、要するに何もかもカールしております。

荒れ野の中のヨハネを描いた絵の中には面白いものがあります。現在ワシントンのナショナル・ギャラリーで見ることのできるドメニコ・ヴェネツィアーノ(一四一〇ころ一六一）の作品はそのひとつです。背景が白い山です。頭に光輪が描かれているヨハネはスッポンポンの状態で、割礼を受けた跡の見えるオチンチンまで丁寧に描かれております。下着や着衣を脱ぎ捨てているのは、世俗の穢れと決別しようとしているからだと説明されます。右手で肩にかけているのは毛衣ですが、ラクダの毛衣だとする説があります。いずれにしても、荒れ野の寒暖の差は激しく、日中は四〇度近くあっても、夜間は零度近くになるのですから、脱ぎ捨てた下着や着衣が必要になり、それらをポイ捨てにするわけにはいかないのです。

初期ネーデルランド絵画の画家ヘールトヘン・トット・シント・ヤンス（一四六〇―九〇）や、同じネーデルランドの画家ヒエロニムス・ボッス（一四五〇―一五一六）も荒れ野のヨハネを描いております。二人とも荒れ野を想像できないでおります。前者を評したある解説書に、ここでの光景が「牧歌的な緑一杯の荒れ野である」とあります。「緑一杯の」と「荒れ野」は形容矛盾です。なぜここでこの解説者は、この画家が「荒れ野をイメージできないでいる」と端的に指摘できないのでしょうか？

ヤンスの描くヨハネは顎《あご》に手をやって、目下思案中といった仕草をしております。修道院から逃げ出してきて、修道院に戻ろうか、それとも世俗世界に戻ろうか思案している修道士の趣も漂っております。両足をこすりあわせているところに目をやれば、「やれ打つな蝿が手をする足をする」の句を思い起こすと同時に、この修道士はどうも相当の距離を歩いて逃げてきたなとこの絵を見る者に思わせます。彼の後ろにはキリストを表す子羊が描かれております。

ヒエロニムス・ボッス（一四五〇―一五一六）の作品（図1―6）はヤンスの影響を受けていると指摘されております。確かに、その指摘にはうなずきたくなります。横になっている男の指先は、右下にうずくまっている子羊を指しておりますから、ヨハネがキリストの先駆けとして描かれていると解釈することができます。中央のボール状の果実をつけている植物は何でしょうか。

これはアンドレア・デル・サルト（一四八六―一五三一）が描いた「洗礼者ヨハネ」です（図1―7）。これは修復の施されたものですが、ある解説書によれば、その修復では背景が変えられてしまい、また本来あった光沢が消え失せてしまったそうです。まあ、そのような悲劇を差し引いても、ここでのヨハネは、荒れ野の中で叫ぶ若者のイメージとは無縁ではないでしょうか？　ホストクラブにでもいそうな美形です。この美形がホストではなくて、洗礼者ヨハネであることを示すのは、画面の右下に描かれた十字架棒です。わたしはなぜサルトがこんな絵を描くのか疑問をもっておりましたが、ある解説書から、ヴァザーリがその著作『美術家列伝』で彼を「悪妻の尻に敷かれた気弱な

図1-6　ボッス、荒れ野の洗礼者ヨハネ

図1-7　アンドレア・デル・サルト、洗礼者聖ヨハネ、1528年

図1-8　バッキアカ、説教する洗礼者聖ヨハネ、1520年頃

男」と評していることを知りました。彼の絵に認められる力強さの欠如は、まあ、その性格的な欠陥に由来するものかもしれません。

説教するヨハネ

すでに見てきた福音書によれば、ヨハネは全ユダヤから出てきた人びとに向かって「悔い改めよ」と説教したそうです。イタリアの画家バッキアカはその光景を描いております（図1－8）。この画家は「聖ペトロに天国の鍵を渡すキリスト」などの作品で知られているペルジーノ（一四四五―一五二三）の影響を受けていると指摘されております。そこでペルジーノの作品を多数ウェブ上に引き出して比較してみたのですが、絵を見るのは素人のわたしには、その指摘の意味がよく分かりませんでした。お見せするこの絵自体は一九五五年に修復されたものです。中央のヨハネは十字架棒を手にしておりますが、それには白いまき布が見えます。そこには、多分、ラテン語で「この人を見よ《エッケ・ホモ》」と書かれているのではないでしょうか。この絵には九人もの幼子とその母親が描かれておりますが、この者たちの存在が絵を落ち着きのないものにしております。母親たちはヨハネの説教をまじめに聞いてはいないようで、その証拠にヨハネは冴えない顔をしております。

フランドルの画家ピーテル・ブリューゲル（一五二五―六九）も、ヨハネが説教する場面を描いております。農民が大ぜい登場します。さすが「農民画家」と評されるだけのことはあります。ヨーロッパの人たちがこの絵を見れば、ここに農民ばかりかジプシーたちも描かれていると、その後ろ姿から指摘できるそうです。何年か前トルコを旅していたとき、前三三三年にアレクサンドロス大王の率いるマケドニア軍がペルシア軍と戦ったイッソスの戦いのあった場所近くで、トラックで移動するジプシーの集団に遭遇したことがあります。もちろん、わたしは手を振りました。大げさに。

オランダの画家バルトロメウス・ブレンベルフ（一六〇〇―五七）は、荒れ野のイメージをもてぬままで荒れ野で説教するヨハネを描いております。ヨーロッパの人がパレスチナの土地や、オリエントの地、エジプトの地などを知るのは実に一九世紀後半になってからのことですから、ブレンベルフを責めることはできません。解説はつけませんが、ドメニコ・ギルランダイオや、フランチェスコ・バッサーノ（一五四九－九二）、ティエポロ（一六九六－一七七〇）らの作品をウェブで引き出してみてください。

ヨハネ、斬首される

ここでマルコ福音書の第六章に戻ります。そこには洗礼者ヨハネが殺された記事があります。

第六章によれば、領主のヘロデは、自分の兄弟のフィリポの妻ヘロディアと結婚していたのですが、そのような結婚は律法によって許されておりませんから、ヨハネによって非難されます。これがその場面を描いたマッティア・プレーティ（一六一三－九九）の「ヘロデの前に立つ洗礼者ヨハネ」と題する作品です（図1-9）。領主ヘロデを非難したヨハネは捕らえられ獄に投げ入れられていたのですが、ヘロデが自分の誕生日の祝宴を張っておりますと、ヘロディアの娘が入ってきてへたくそなベリーダンスか何かを踊ります。領主と客人は大いに喜び、ヘロデは彼女に向かって、「おまえの望むものは何でもくれてやろう」と誓います。古代オリエント世界では「誓い」は絶対です。そ

図1-9　マッティア・プレーティ、ヘロデの前に立つ洗礼者ヨハネ

のため、ここからとんでもないことが起こるのです。ヘロディアの娘は「洗礼者ヨハネの首を盆に載せていただきとうございます」と答えるからです。

ヘロデは客人の手前、誓いを守らねばなりません。

ヨハネは獄中で首をはねられ、衛兵がその首を盆に載せてヘロディアの娘の所にもってくるのです。彼女はそれを母のヘロディアに差し出します。

ほぼ同じ内容のことがマタイの第一四章でも書かれております。ルカの第三章はヘロデがヨハネを投獄したことを簡単に報告し、その第九章はヘロデに「ヨハネなら、わたしが首をはねた」と言わせております。

ここでみなさん方にお尋ねいたします。

わたしたちは日頃、ヘロディアの娘の名前をサロメであると無造作に口にします。しかし、実はどの福音書にも、ヘロディアの娘の名前は書かれておりません。では、一体どこからわたしたちはサロメの名を知ることになったのでしょうか？

オスカー・ワイルドの戯曲『サロメ』からでしょうか。リヒャルト・シュトラウスの楽劇「サロメ」からでしょうか。どちらも「ノー」です。正解は、紀元後一世紀のユダヤ人著作家ヨセフスが書き残した『ユダヤ古代誌』（拙訳、ちくま学芸文庫）からなのです。その『古代誌』一八・四四以下は、ヘロデ大王の子孫たちを整理整頓して述べているのですが、次のように言うのです。

「いっぽう、彼らの姉妹ヘロディアは、ヘロデ大王と大祭司シモンの娘マリアムメとの間にできた子ヘロデ（＝マルコ六・二二のヘロデ・フィリッポス）と結婚した。二人の間にサロメが生まれた。ヘロディアはサロメを生んだ後、存命中の夫ヘロデと別れ、わたしたちの慣習を嘲笑するかのようにヘロデと結婚した。このヘロデは、同じ父から生まれた彼女の夫の兄弟であり、当時ガリラヤの領主であった。ヘロディアの娘サロメは、……」（一八・一三六以下）

図1-10　洗礼者聖ヨハネの斬首、1350年頃

ヨセフスによってはじめてヘロディアの娘の名前がサロメであったことが明らかにされるのです。サロメはシャロームに由来します。それは「平和」の意を内包するものです。日本語で言えば「和子」となります。

わたしたちは本書の続篇で、ダビデがゴリアテの首を取った場面や、ユディトがホロフェルネスの首を取った場面を図像で見ることになりますが、ここでまた斬首の場面です。ヨハネの画像では、この斬首の場面が圧倒的に多いことを承知しておいてください。

最初にお見せするのはヴェネチアのサン・マルコ大聖堂で見られる、一三五〇年ころに制作されたモザイク画です（図1-10）。ここでの出来事の展開は左から右へです。左に斬首されたヨハネの首が描かれております。中央にはヨハネの首が載せられた皿をもつサロメや、ヘロデらが描かれており、右には斬首されたヨハネの埋葬場面です。二人の男がヨハネの首なし遺体を布でつつんでロープでぐるぐる巻きしておりますが、遺体に敬意を払う作法を日本の映画「おくりびと」から学んで欲しいものです。

一五世紀の作品を見てみましょう。

シエナの画家、当時最大の工房を主宰していたサーノ・ディ・ピエトロ（一四〇六―八一）は、ヨハネ斬首の場面を少しばかり漫画チックな絵で残し、また同時代のフィレンツェ派の画家フラ・フィリッポ・リッピ（一四〇六―六九）も同じ場面をフレスコ画で残しております。ロヒール・ファン・デル・ウェイデン（一四〇〇―六四）はどたばた感やちぐはぐ感のある作品を描いております（図1－11）。斬首する男の頭髪は後頭部にしかありません。男のはいているソックスの右と左は色が同じではありません。男はサロメの前でシャツ姿です。男は女性の下履きを着用しているように見えます。もっとも、服装に見られるちぐはぐ感は、中世の刑吏が着用した服装に由来するものだと指摘する歴史家もおります。男の視線は右に向かっており、その奥に描かれている二人の男は窓の外を見ております。サロメは盆の上のヨハネの首を凝視しておりません。所望したものをやっと手に入れたのにです。

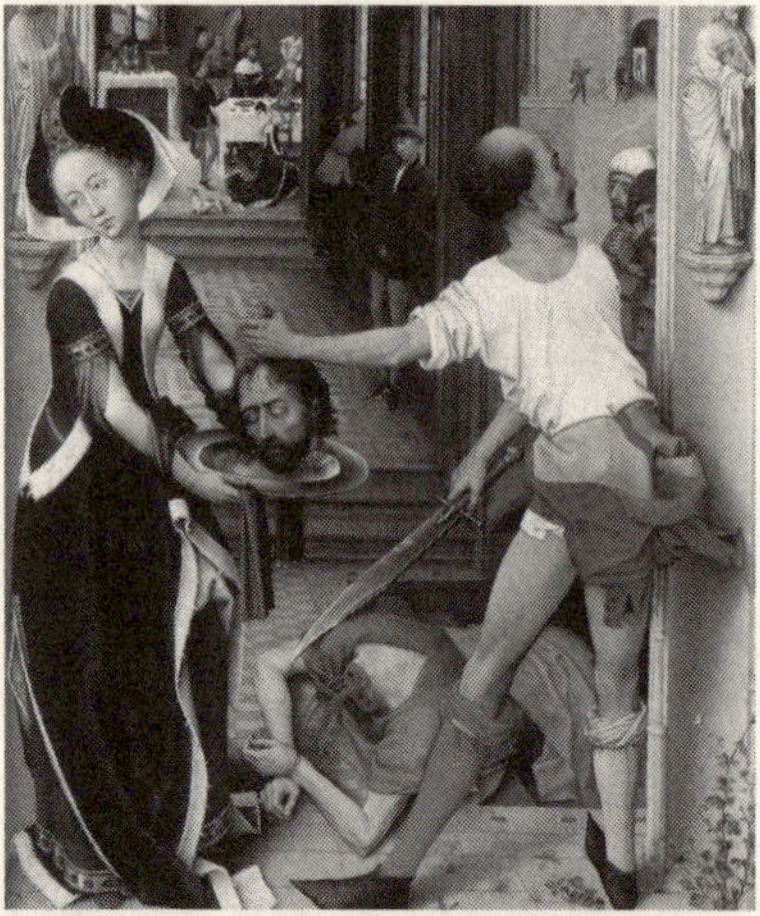

図1-11　ロヒール・ファン・デル・ウェイデン、聖ヨハネの斬首(部分)、1455-60年

図1-12　ベノッツォ・ゴッツォリ、踊るサロメ、1461-62年

まだまだ一五世紀はつづきます。

これはサロメの踊りの場面を描いたイタリアの画家ベノッツォ・ゴッツォリ（一四二一―九七）の作品です（図1-12）。中央でへたくそな踊りを領主ヘロデとその客人たちに披露しているのがサロメです。ヘロデたちはこの絵が描かれた時代の服装をしております。領主ヘロデはやにさがってサロメに向かって「願うものは何でもくれてやろう」と口にしております。左に目をやってください。ヨハネが斬首される瞬間です。では、今度は中央の左奥に目を向けてください。サロメが盆に載せたヨハネの首をヘロディアに差し出しております。いや、もしかしたら、ヨハネの首を載せた盆を侍女から受け取るサロメかもしれません。この一枚の絵には三つの場面が描かれていることになります。

北イタリアの画家アンドレア・ソラーリ（一四七〇ころ―一五二四）や、イベリア半島のカスティーリャでその活動が確認されるフランドル出身の画家ファン・デ・フランデス（一五〇〇ころ活躍）、カラヴァッジオ（一五七一―一六一〇）らが斬首の場面を描いておりますカラヴァッジオも何点かの作品を残しておりますが、もっとも有名なものは一六〇八年のものです（図1-13）。舞台は作品が描かれたのと同じ時期の、一七世紀はじめの監獄です。斬首にかかわる主要な人物五人は左下にまとめられてひとつの半円形状の空間を構成しております。それと対照的に右上に鉄格子のある大きな窓がもうひ

図1-13　カラヴァッジオ、洗礼者聖ヨハネの斬首、1608年

とつの空間を構成し、全体に絶妙なバランスを示しております。ヨハネの首は切り落とされる寸前で、首をはねようとしている男の左に立っている人物が――もしかして、領主のヘロデかもしれません――、斬首後のヨハネの首の始末をその指先で指示しております。盆を手に身をかがめているのは多分サロメで、その前にいるのが彼女の母親でしょう。鉄格子の窓から身を乗り出すかのようにして、固唾を呑んでこれから行われる斬首を見守っている二人は罪人ですが、その二人を描くことで獄中の恐怖が増幅されるかのようです。殺人を犯して逃亡生活中のカラヴァッジオは、自分自身もまた捕まればこのような監獄に送り込まれることを承知していたのではないでしょう

か？　カラヴァッジオ派の主要な画家のひとりマッシモ・スタンツィオーネ（一五八五―一六五六）も斬首の場面を描いております。その構図は、明らかに、カラヴァッジオの影響を受けております。ルーカス・クラナハ（一四七二―一五五三）や、ベルナルディーノ、レーニ・ファブリティウス、ドルチ、マリナリらの作品は、ウェブで引き出してみてください。

ヨセフスの報告するヨハネ

最後になりますが、洗礼者ヨハネについての情報を補完してくれる人物が、福音書の記者以外にもいることを申し上げておきたいと思います。それはすでにその名前を挙げたヨセフスです。彼は、その著作『ユダヤ古代誌』の第一八巻の中で、イエスについてばかりか、洗礼者ヨハネについても、そしてまた、イエスの兄弟であるヤコブにまで言及しています。本章の主題は洗礼者ヨハネですから、ここではヨセフスが彼について何と言っているかをみてみましょう。

「しかし、ヘロデの軍隊の敗北は、ユダヤ人の中の（心ある）人びとにとっては、神の意志にもとづく復讐であるように思われた。事実、それは洗礼者と呼ばれたヨハネになされた仕業にたいする正義の復讐だった。ヘロデ（こそ）は、ヨハネ殺害の犯人だった。

（人間としての）ヨハネは（根っからの）善人であって、ユダヤ人たちに、徳を実行して互いに正義をもとめ、神にたいしては敬虔を実践して、洗礼に加わるように教えすすめていた。

ヨハネによれば、洗礼は、犯した罪の許しを得るためではなく、霊魂が正しい行いによってすでに清められていることを神に示す、身体の清めとして必要だったのである。

さて、その他の人びとも、ヨハネの説教を聞いて大いに動かされ、その周囲に群がった。そこでヘロデは、人びとにたいする彼のこの大きな影響力が何らかの騒乱を引き起こすのではないか、と警戒した。事実、人びとはヨハネがすすめることなら何でもする気になっていたように思われた。そこでヘロデは、実際に革命がおきて窮地に陥り、そのときになってほぞをかむよりは、反乱に先手をうって彼を殺害しておくほうが上策であると考えた。

ついにヨハネは、ヘロデのこの疑惑のために、前述した要塞のマカイルスへ鎖につながれて送られ、そこで処刑された。そしてユダヤ人たちは、ヘロデの軍隊が（ここで）敗北したのはヨハネの復讐によるものと考えた。神がヘロデを罰することを欲したもうたからというわけである。」（一八・一一六―一一九）

福音書記者は、ヨハネが繋がれた獄の所在地を明らかにしておりません。わたしたちはヘロデがガリラヤの領主であったことから、獄舎もガリラヤのどこかにあったと想像しがちですが、ヨセフスによれば、それは死海の東岸近く、すなわち、現代のヨルダン王国のマカイルスと呼ばれる場所にあるものです。このマカイルスの砦（とそこにある獄）は、当時、ガリラヤの領主ヘロデに帰属するものではなく、ペトラの王のアレタスのものであり、しかも『古代誌』一八・一〇九以下の記事によれば、国境問題などのためヘロデとアレタスの関係は非常に悪いものだったようです。もしこれが事実であったとしたらどうなるのでしょうか？　仮にヘロデが何らかの策を弄して、アレタスの領地の中にある獄に留め置かれているヨハネを殺害できたとしても、その首をアレタスの領地から持ち出すことなどできたのでしょうか？　いやそもそもなぜヨハネはアレタスの領地で捕縛され、マカイルスの要塞に投げ込まれたのでしょうか？　わたしにはこの辺りの謎を解くことができませんが、福音書の伝えるヨハネの最期がフィクションであることだけは確かなようです。

第2章　イエスの誕生と幼年時代

イエスについて語るとき、わたしは必ずひとつの問いを投げかけることにしております。それはみなさん方が、「イエス」と「イエス・キリスト」をはっきりと区別しておられるかというものです。

イエスとイエス・キリストでは、天と地ほどの開きがあります。

イエスというのはたんなる呼称です。イエスはヘブライ語でイェホシュアです。ヨシュアです。英語読みではジョシュアです。モーセの後継者となった人物はイェホシュア、すなわちヨシュアです。このヨシュアという名の人物は、ユダヤ人の間にはそれこそ掃いて捨てるほど大ぜいいたのです。イエスもそのひとりです。それは何の変哲もない名前です。

イエスの生涯と言った場合、基本的には、その生涯は「ヨシュアと呼ばれたひとりのユダヤ人の生涯」となります。

他方、イエス・キリストのキリストはギリシア語のクリストス、ヘブライ語のメシアーに相当する尊称で、それは「油を塗られた者」を意味いたします。古代のオリエントの習慣で、王や大祭司になる者は、そして神殿で使用される特別な祭具などはオリーブ油が塗られて他と区別され「聖なるものにされた」のです。なぜ、オリーブ油を塗れば、それが聖別されるのか、椿油でも構わないのか、菜種油でもいいのか、その辺りのことはわたしにはよく分からない事柄ですが、まあ、共同体とかそれを支える文化の合意があれば、ごま油でも一向に差し支えないと考えられます。いずれにしても、ここではオリーブ油を塗られれば特別なものにされた、そう信じられたと理解しておきたいと思います。これを宗教的には「聖別」とか「聖化」と申します。ですから、「救い主」とは油を塗られて聖別された特別の人間を意味し、「イエス・キリストの生涯」と言えば、それはイエスの死後、教会の信仰によって想像された、人類の救い主の生涯となるのです。しかし、ここで分からないことがひとつ起こります。それは福音書のどこをどうついても、イエスがその生涯のある特別な機会に、油を塗られたとは書かれていないことです。

系図と連続性――マタイ、マルコ、ルカの場合

マタイは、第一章の冒頭に「アブラハムの子ダビデの子、イエス・キリストの系図」と称するものをデーンと掲げ、その系図がアブラハムからマリアの夫となるヨセフまで連綿と続くものであることを強調しております。「連続性」の強調は古さの強調であり、古さの強調は由緒の強調であり、証明でもあります。古代オリエント世界においては、この歴史意識はバビロンの神官であったベーローソスと呼ばれる紀元前三世紀の人物が著した三巻本の『バビロニア史』においてはじめて認められるものであり、ついでこの著作に対抗して書かれたアレクサンドリアのプトレマイオス王朝の御用歴史家でマネトーンと呼ばれる人物が著した三巻本の『エジプト史』の中でも認められるものです。どちらの歴史書も古さを強調いたしました。ユダヤ民族の歴史がその始元のときから連綿とつづく由緒あるものであることをローマ世界に向かって強調したのが、ヨセフスの『ユダヤ古代誌』なのです。

ついでマタイは、イエス・キリスト誕生の経緯を語ります。それによれば、イエスの母となるマリアはヨセフと婚約しておりましたが、「二人が一緒になる前に」、自分が聖霊で身ごもっていることを知ります。「二人が一緒になる前に」とは、二人が「夫婦の交わりをする前に」という意味でしょうが、ヨセフはマリアが聖霊で身ごもったことを

知るとさんざん悩んだそうです。わたしたちもこんな記述の前に放り出されるとヨセフ以上に悩むのではないでしょうか？　聖霊で身ごもるというチン事態の例が、イエスの前にも後にもないからです。首をひねらなければならないからです。婚約者の肌に一度も触れないうちに、彼女の腹がせり出してきたらどうでしょうか？　どうしてこんなことになったのだ、と許嫁は問い詰めます。場合によっては横っ面を張ります。これでは偕老同穴の契り、比翼連理の契りなど結べるはずがないからです。

ところが、ここが古代です。

問い詰めようとするヨセフの前に、主のみ使い（天使）が現れて、この事態を説明してしまうのですが、そもそも聖書の中のみ使いとは何なのでしょうか？　み使いは神によって創造されたものなのでしょうか？　創世記はみ使いの誕生を語ってはおりません。もちろん、み使いがヨセフの前に現れた、などということが歴史的な事実として、起こったわけがありません。イエスを神の子、キリストにするために、マタイは、聖霊による身ごもりを想像し、そのために主の黒子《くろこ》としてみ使いの手を借りたのです。マタイの記述は簡潔です。簡潔でなければなりません。み使いに多くを語らせてはなりません。口数が多ければ、必ずボロが出るからです。ホコロビが出るからです。ヨセフは主のみ使いの説明に納得したようですが、ここがヨセフの情けないところです。彼はみ使いの言いなりなのです。福音書によれば、彼はつねに言いなりの男です、覇気のない男です。蚊帳の外に置かれることになる男です。何しろ、彼はイエスが十字架に架けられたときも、その場には居合わせてはいないのです。いずれにしても彼は、「男の子が生まれるまで、マリアと関係することはなかった」とされます。そして男の子が誕生すると、その子をイエスと名付けたとあります。

マルコはイエスの誕生にまったく興味を示しておりません。賢明と言えば賢明です。彼は洗礼者ヨハネの登場からはじめます。

問題はルカです。

紀元後九〇年代に著された福音書です。こちらは滑稽すぎるほど詳細です。わたしたちが受胎告知について講釈するときには、この福音書にもとづいてうんたらかんたら、なんたらかんたらと言っているのです。この福音書の冒頭では、献呈の言葉につづいて、洗礼者ヨハネの誕生がみ使いのガブリエルによってザカリアとその妻エリサベトに予告されていた話が語られ、さらにみ使いのガブリエルはヨセフとその許嫁のおとめマリアの所に出向いて、彼女が聖霊によって身ごもることを通告いたします。そしてその後、マリアのエリサベト訪問、マリア讃歌、ヨハネの誕生、イエスの誕生などが語られるわけです。

ルカは語りすぎです。饒舌すぎます。そのため、その記述に不自然さが目立つことになります。たとえば、マリア讃歌です。これはマリアがエリサベトを訪ねたときに口にしたとされるものです。新共同訳聖書の訳文でご紹介します。

「わたしの魂は主をあがめ、
わたしの霊は救い主である神を喜びたたえます。
身分の低い、この主のはしためにも
目を留めてくださったからです。
今から後、いつの世の人も
わたしを幸いな者と言うでしょう、
力ある方が、
わたしに偉大なことをなさいましたから。
その御名は尊く、
その憐れみは代々に限りなく、
主を畏れる者に及びます。
主はその腕で力を振るい、

思い上がる者を打ち散らし、
権力ある者をその座から引き下ろし、
身分の低い者を高く上げ、
飢えた人を良い物で満たし、
富める者を空腹のまま追い返されます。
そのしもべイスラエルを受け入れて、
憐れみをお忘れになりません、
わたしたちの先祖におっしゃったとおり、
アブラハムとその子孫に対してとこしえに。」（一・四七―五五）

この「マリアの讃歌」と称されるものには、一々は指摘しませんが、詩篇やサムエル記からの語句がちりばめられております。いやそのパッチワーク（つぎはぎ細工）です。みなさん方にお尋ねいたします。これは本当にマリアの口をついて出たものでしょうか？これはマリアにふさわしい言葉でしょうか？冒頭に「身分の低い、この主のはしため」とあります。随分と謙遜ですが、マリアはどこの馬の骨とも分からぬ、身分の低い者だったのでしょうか？　当時のユダヤ人社会の最下層の者たちを指すのに「地の民《アム・ハ・アレツ》」という言葉がありますが、彼女はそこから這い上がった女だったのでしょうか？　もしそうならば、魅力的です。応援したくなります。ところが、この同じルカの第一章に登場するエリサベトとの関係から判断しますと、マリアが「地の民」出身とは想像できません。

マリアは主を、「思い上がる者を打ち散らし、権力ある者をその座から引き下ろし、身分の低い者を高く上げ、飢えた者を良い物で満たし、富める者を空腹のまま追い返される」方と見ております。

これを昔はじめて読んだとき、わたしは思わず「おいおい、マリアは古代共産党の女性幹部だったのかよ」と呟いてしまいました。確かに、これを口にした人物かこれを斉唱したユダヤ人共同体は、格差社会を洞察する鋭い目をもっております。しかし、ここでの「讃歌」はマリアの口から発せられる類のものではありません。もしマリアにこれほどの洞察力があるのでしたら、格差社会との彼女の関わりが、イエスの生涯の記事の中で見え隠れしてなければおかしいのですが、それがまったくないのです。この「マリアの讃歌」の言葉は、パレスチナに存在したユダヤ人共同体のシナゴーグで口にされていた祈りの一部だと思われます。その共同体はルカの所属する共同体であったかもしれません。わたしはこれ以上のことを推測で言うことはできませんが、確かなことは、こういう祈りの文面に著作権などがついて保護などされていなかったことです。だれが使ってもよかったのです。だれがそれに手を加えてもよかったのです。最初期のキリスト教徒たちが使用した祈りのいくつかがパレスチナかどこかのシナゴーグからのものであることは明らかになりつつありますが、そんな例を持ち出すまでもなく、この祈り自体が、先ほど申し上げたように、詩篇やサムエル記の語句の無断借用から成り立っているのです。この祈りが、ある共同体のユダヤ人たちの口から出たものであっても、それをマリアの口から出たものにしても構わないのですが、そうであることを見破ることはわたしたち歴史家の仕事であり、その言葉を彼女の口から取り除き、次に新しいマリア像を描いて見せる——もし可能ならの話ですが——のも、これまた歴史家の仕事なのです。

ヨハネでは

ヨハネは、マルコや、マタイ、ルカが示したような仕方でイエスの誕生には興味を示しておりません。彼はイエス・キリストを始元に神とともにあったロゴスとして登場させます。つまり、ヨハネはキリストとしてのイエスの最初の存在様態に関心を示すのですが、その前提となるものは誕生のはずです。誕生なくして存在はあり得ないからです。

「始元にロゴスがあった。
ロゴスは神とともにあった。
ロゴスは神であった。
このロゴスは、始元に神とともにあった。
万物はロゴスによって成った。
成ったもので、ロゴスによらずに成ったものは何ひとつなかった。
ロゴスの内に命があった。
命は人間を照らず光であった。
光は闇の中で輝いている。
暗闇は光を理解しなかった。……」

まだまだつづきますが、ヨハネはこういう独自な仕方で、イエスをキリストとしてデビューさせるのです。ヨハネはイエスの誕生ばかりか、誕生後の出来事にも、その成長にも興味や関心を示しておりません。彼の関心はイエスの誕生を天地創造のときまで、いやそれ以前にまで遡らせることにしかありません。これもまた、すでに見てきたベーローソスやマネトーンにはじまる古さの強調なのです。

それにしても、キリストとされたイエスは、母マリアの聖霊による身ごもりで生まれたり、天地創造の前にすでに生まれていて——その場合、当然のことながら「誰の子か」という議論が誘発されます——、神の傍らにいて天地創造にも与ったというのですから、こんな与太話を次から次に読まされる方はたまったものではありません。

話は少しばかり飛びますが、コンスタンティヌスの母ヘレナは非常に敬虔なキリスト教徒であったのですが、彼女の頭ではキリスト＝ロゴス論は理解できず、そのためロゴスを絵に描いてほしいと要求した挿話がエウセビオスの『教会史』（拙訳、山本書店）の中で保存されております。ロゴスを絵に描くことは、多分、ヘレナの生きていた四世紀では難しかったと思われますが、三位一体の醜悪な画像が登場した中世以降であれば、天地創造の場面に神と神の子であるロゴスを置けばよろしいのではないでしょうか？もちろんそのさい、冊子本か何かを描いてロゴスに見立てても構いません。

画像に見る受胎告知

受胎告知の場面は、レオナルド・ダ・ヴィンチによる本書のカバー装画など、多数の作品に描かれています。画像をお見せします。

図2-1　フラ・アンジェリコ、受胎告知、1430年

最初のものはイタリアの画家フラ・アンジェリコ（一四〇〇―五五）の描いた祭壇画です（図2-1）。フラ・アンジェリコは受胎告知の場面を好んで描いたと言われますが、この作品は長い間、彼の作品であるかどうか議論されてきたものです。しかし、修復後、フラ・アンジェリコ作であるとされました。マリアの光輪の上には、聖霊を象徴する鳩がその小さな光輪の中で舞っております。左上にはエデンの園から追放されたアダムとエバが小さく描かれております。

下段のプレデラにもマリアが関わる場面が五つばかり認められます。プレデラは祭壇画の一番下の部分を構成するいくつかの板絵のことですが、「すそ絵」という訳語に出会ったことがあります。うまい訳語だと思います。このプレデラの一番左端はマリアとヨセフの婚約の場面です。中央の大祭司が二人の手を取り合っております。左から二番目は、洗礼者ヨハネを生むことになるエリサベトがマリアを訪問している場面です。カトリックではこの場面を、畏くも「ご」を付けて「ご訪問」と呼んでおります。わたしはこのような言葉の上での敬虔主義を好みません。わたしは不敬にも「ご」を取って「訪問」と呼び捨てにしております。中央はキリスト誕生の場面でしょう。イエスを出産したマリアとその出産を祝福にやって来た者たちが描かれております。次は、もし右から二番目の人物がシメオンであれば、イエスの神殿奉献の図となります。一番右端は、

図2-2　ビッチ・ディ・ロレンツォ、受胎告知の天使と聖母、1433-34年

亡くなったマリアの埋葬場面です。この場面は、紀元後二世紀後半に書かれたとされている『ヤコブ原福音書』などから展開したマリア伝説にもとづくものですが、制作者の活躍した年代からして、フラ・アンジェリコは『黄金伝説』を参考にしながらマリアの生涯の諸場面を描いたようです。

次はどうでしょうか？（図2-2）ビッチ・ディ・ロレンツォ（一三七三—一四五二）の作品です。宗教画としては非常に魅力あるものです。見る者を修道院の片隅か何かに誘うからです。

この絵について『オックスフォード西洋美術事典』で調べてみましたが、そこには記載されておりません。ウェブ・ギャラリー・オブ・アートの解説によりますと、これは本来はフィレンツェにある聖堂のために描かれたもので、現在は個人蔵とされておりま す。どうりで、あまり外では知られていないわけです。右側の落ち着いた姿で座っているのがマリアで、左側の右手に白百合の花を携えているみ使いがガブリエルです。もっとも、この画像は、最初にお見せした画像と同様、洗礼者ヨハネを生むことになるエリサベトとみ使いのガブリエルを描いていると見ることも可能ですが、イエスの母マリアとする方が妥当です。その理由はお分かりでしょうか？ どちらの絵の女性も膝の上に書物を置いているからです。マリア伝説によると、彼女は神殿に預けられる前に母親のアンナから読み書きの教育を受けたとされますが、そのためでしょう、本はマリアが母から受けた教育を指し示す「アトリビュート」となります。伝説のマリアは立派な知識人のひとりなのです。しかし、だからといって、先に見た「マリア讃歌」を彼女の口からのものだなどとは想像しないでください。伝説と歴史はまったく別物だからです。エリサベトが教育を受けたとする伝説は存在しません。

フランドルの画家ロヒール・ファン・デル・ウェイデン（一四〇〇－六四）の作品は

どうでしょうか（口絵1）？

ここでもマリアは書物を手にしております。この絵で面白いのは、マリアにも、み使いのガブリエルにも光輪が描かれていないことです。マリアの右手は、妊娠を告げられて、「ご冗談でしょう」と言っているようです。彼女の右手の仕草がそれを暗示します。現代であれば、「冗談じゃないわよ、だってわたしヤッてないもの」となります。左下には、マリアの純潔を象徴する白百合の花が描かれております。マリアが純潔で処女であることをこの一本の白百合の花が請け合うのです。

マリアがオリーブの枝を手にすることもあります。オリーブの枝は平和を象徴するそうですから、それが描かれておれば、マリアは平和をもたらす者を産むことが暗示されるわけです。もっとも、キリスト教が歴史の中に登場したからといって、世界に平和が到来した兆しなどどこにもありませんから、暗示は暗示以上のものではないようです。マリアとガブリエルの背景となっているのは、家具やその他の置物からして裕福な家庭の寝室兼リビング・ルームです。この絵はパリのルーブルで見ることができます。

こちらはどうでしょうか？

フィレンツェ派の画家アレッソ・バルドヴィネッティ（一四二五―九九）の作品です（図2-3）。ある解説書によれば、この画家は、花や、果物、灌木などを使用して画面

図2-3　バルドヴィネッティ、受胎告知、1447年

をまとめるのを得意としたそうです。マリアの右下にある机の上には赤い表紙の本が見られます。これが彼女がマリアであることを示しております。左上から右下にかけて五つの線が走っております。聖霊を示しているのではないでしょうか？　この絵はイタリアのウフィツィ美術館で見ることができます。

マリアがエリサベトを訪問する場面は数多く描かれておりますが、それは省略いたしましょう。

イエスの誕生

イエスはいつごろ誕生したのでしょうか？

みなさん方は、多分、イエスが誕生したのは、紀元前と紀元後の境の年となる紀元零年だとお考えでしょうが、さにあらず、現在では紀元前四年ころとされます。キリスト紀元というのは、六世紀の修道僧でディオニュシオス・エクシグウスと呼ばれる人物が考案したものですが、その計算には間違いがあったことが分かり、現在、大方の歴史家たちによって、「イエスの誕生は紀元零年から四年くらい前が適当であろう」とされます。そのころパレスチナの土地では、四〇年近くにわたって支配したヘロデ大王が亡くなり、ヘロデ一族の者が新たなる支配者として登場いたします。まあ、この辺りのことは、ヨセフスの『ユダヤ戦記』（ちくま学芸文庫）をひもといてください。この『戦記』は新約聖書を読むときにつねに傍らに置いて読まれねばならない書物ですが、最近、わたしの友人であるカナダのヨーク大学教授スティーブ・メイソンが著した『ヨセフスと新約聖書』（リトン）が日本語で読めるようになりましたので、こちらをも手に取られるようお勧めいたします。

ここで脱線いたします。大切な脱線です。

イエスの誕生をその境界線上に置く「紀元前」（BC）「紀元後」（AD）という表記です。BCはBefore Christの略で、「キリスト（誕生）以前」を意味し、ADはラテン語のanno Dominiの略で、こちらは「主の年に」を意味いたしますが、キリスト教世界の埒外に置かれているわたしたちにとって、この表記は親しみを覚えさせるものでしょうか？　これは一方的な、そして身勝手なキリスト教史観にもとづくもので、キリストとされるイエス誕生以前の歴史は救いのない時代、誕生以後は救いの約束された時代とされます。この歴史観を最初に提示したのは四世紀の教会史家エウセビオスです。彼の歴史観がこの「紀元前」「紀元後」には色濃く反映されているような気がするのですが、これはわたしの将来の研究課題です。いずれにしてもこの歴史観に背を向けたのは、ナチズムを体験し、キリスト教の唯我独尊の神学に猛省を迫ったユダヤ人の歴史家や知識人たちです。彼らはキリスト教史観を押しつけられるのはまっぴらご免というわけで、「共通暦以前」を意味するＢＣＥ（＝Before Common Era）を、そして「共通暦」を意味するＣＥ（＝Common Era）を考案し、それを用いはじめたのです。一九七〇年代の前半、キリスト教側の歴史家たちの中にはこのＢＣＥやＣＥを用いるのに躊躇する者がおりましたが、現在では、ＢＣＥやＣＥを使用するのが当然だとされるようになりました。わたしが海外の論集を編集するとき、ＢＣやＡＤを使用している論文がありますと、それをＢＣＥやＣＥに改めます。それは今や編集権の中に入るものです。もっとも、これはこれで問題がなくもないのです。このＢＣＥやＣＥはあくまでも西欧のユダヤ教とキリスト教の関係性の上で成り立つものですが、ここにはイスラームが入ってこないのです。西欧世界は今やイスラームの世界でもありますが、それがここには反映されていないのです。将来、ＢＣＥやＣＥがさらに改善されることが期待されるわけですが、ＢＣやＡＤとは一日も早く訣別したいものです。

元に戻ります。

さて、マタイとルカによれば、イエスはベツレヘムで誕生いたします。創世記によれば、この町はヤコブの妻ラケルがベニヤミンを産み落とした後に亡くなった町です。ラケルを祀ったとされる墓はここにあります。ベツレヘムはまた、ルツとボアズのロマンスの舞台となった場所です。後になりますと、ダビデはこの町で生まれたとされております。イエスは多分ガリラヤのナザレで生まれたと想像されますが、イエスをダビデから数えて二八代目の末裔にするには、彼をベツレヘム生まれとしなければなりません。また旧約聖書のミカ書の第五章の冒頭に次のように書かれているからです。

「エフラタのベツレヘムよ、
おまえはユダの氏族の中でいと小さき者。
おまえの中から、わたしのために
イスラエルを治める者が出る。
彼の出生《しゅっせい》は古く、永遠の昔にさかのぼる。
……」

こう書かれてあっては、福音書記者はこの言葉に飛びつきます。キリストの誕生をベツレヘムにすれば、この言葉をキリスト誕生の預言とすることができるからです。

イエス誕生の場面です。

最初にお見せするのはイタリアの画家ジョット・ディ・ボンドーネ（一二六七―一三

図2-4　ジョット、キリストの生涯：キリストの降誕（部分）、1304-06年

図2-5　ドゥッチオ・ディ・ヴォニンセーニヤ、キリスト降誕、1308-11年頃

三七）のフレスコ画「キリストの生涯」からです（図2－4）。みなさん方の中にはすでにこれをパドゥアのスクロゥベニ礼拝堂でご覧になっている方もおられるはずです。マリアは誕生したばかりのイエスを産婆の手から受け取り抱きかかえようとしております。イエスの顔はもう大人びております。彼の光輪に十字架が描かれているのがご愛敬です。左下には牛と驢馬が描かれております。

これはどうでしょうか？（図2－5）

ドゥッチオ・ディ・ヴォニンセーニャ（一二五五－一三一九）のテンペラ画は、ワシントンのナショナル・ギャラリーで見ることができます。イエスを産んだばかりのマリアが大ぜいのみ使いたちの祝福を受けておりますが、それにしてもすごい数のみ使いです。左側の上段のみ使いたちの視線と、右側の上段のみ使いたちの視線の行き着く先は、半円形ですが、その中には神が描かれているのではないでしょうか？　生まれたばかりのイエスを覗き込んでいるのは、牛と驢馬です。左端にはヨセフが描かれております。ここでの彼には光輪が見られますが、見られない場合の方が多いのではないでしょうか？　ヨセフの下には二人の乳母がイエスを産湯につけております。

次は一四世紀の後半に活躍したプラハの画家が描いたもので、現在、プラハの国立美術館で見ることができます（図2－6）。マリアが横たわるのは小屋の中の簡易ベッド

図2-6　作者不詳、キリスト降誕、1350年頃

図2-7　バルトロ・ディ・フレーディ、聖母マリアの生涯：キリスト降誕と羊飼いたちの礼拝、1383年頃

です。大きな桶に産湯を入れている左側の人物は男性に見えます。もしそうならヨセフということになります。ここでも牛と驢馬が描かれております。

次はシエナ派の画家バルトロ・ディ・フレーディ（一三三〇―一四一〇）が描いた、小さなテンペラ画です（図2-7）。「聖母マリアの生涯」と題する連作の中の一場面です。生まれたばかりのイエスの頭には光輪が描かれているばかりか、イエスの頭の上には聖霊を象徴する鳩が舞い降りておりますが、鳩の上に聖霊が描かれております。左隅にはヨセフが描かれておりますが、マリアがここでの主役ですから、マリアの方がヨセフよりも大きく描かれております。右には二人の羊飼いが、二つの場面で描かれております。画面の上には横並びの七人のみ使いと、その右下にはオリーブの枝を手にしたみ使いが描かれております。オリーブは、すでに述べたように、平和の象徴です。平和をもたらすみ子の誕生というわけです。ここでも牛と驢馬が描かれております。

次のものはコンラド・フォン・ソエスト（一三九四―一四二二ころに活躍）が描いたものです（図2-8）。わたしがこの絵をみなさん方にお見せするのは、必死になって火をおこそうとしているヨセフの仕草がどことなく漫画チックで面白いからです。

わたしたちはイエスの生まれた場所を馬小屋だったと勝手に想像しますが、それはルカがその場所を「飼い葉桶」のある場所としているからでしょう。飼い葉桶、即馬小屋

図2-8　コンラド・フォン・ソエスト、キリスト降誕、1403年頃

は短絡的過ぎるものですが、ここでも牛と驢馬が描かれております。ここまでお見せした図像では、最初のジョットのものを除いては、牛と驢馬が描かれております。福音書では牛や驢馬への言及は見られません。いったい何を根拠に画家たちは牛と驢馬を描くのでしょうか？　そのヒントは『黄金伝説I』の中の一章「主の降誕」にあります。そこにこう書いてあります。

「ヨセフは、身重のマリアとともにベトレヘムに出かけたとき、一頭の小さな雄牛を連れていた。たぶんそれを売って、その一部を自分とマリアの人頭税にあて、残りを生活費にするためであったろう。また、小さいろばを一頭連れていた。おそらくマリアを乗せるためであった。……」

画家たちは、この黄金伝説を読むか、そこに取り込まれた伝説を承知していたのです。マリアに関する画像で、はてなと思われる箇所がありましたら、『黄金伝説』をひもといてみてください。

イエスの生誕の地とされるベツレヘムは

すでに申し上げたように、イエスの生誕の地は、ベツレヘムだとは到底思われませんが、そこだとされます。イエスをダビデと結び付けねばならなかったからです。その他いろいろと事情があったからです。

いろいろな事情は歴史の真実には勝てません。

エルサレムの南に位置するベツレヘムには生誕教会が建てられております。その奥の祭壇に行きますと、確か左側に、地下に至る階段があり、そこを降りて行きますと、イエスが生まれた場所にたどり着きます。銀の星が埋め込まれた場所がそうです。銀製のメタルの星の中は厚手の防弾ガラスがはめ込まれ、そこからイエスが生まれ落ちた場所を覗くことができますが、わたしはこの場所をはじめて見たとき、思わず、「えっ、ここが救い主が生まれた場所なのかよ」と素っ頓狂な声を上げてしまいました。ここは「信じる者は救われる」の世界なのです。

ここでみなさん方にお伺いいたします。

この場所こそイエス誕生の場所だと確信をもって指定したのは、誰でしょうか？

ベツレヘムの史跡委員会でも観光課でもなく、四世紀のコンスタンティヌスの母ヘレナです。彼女は熱心なキリスト教徒でした。彼女はコンスタンティヌスがローマ皇帝になりますと、皇帝の在所であるコンスタンティノポリスからこの場所にやって来ました。そのとき彼女は、エルサレムの教会管区の司教たちの立ち会いのもとに、イエスの誕生した場所や、彼が十字架に架けられた場所などを次つぎに決定していったのです。皇帝の母ですから、彼女もまた権力です。誰もそれに逆らうことはできません。お付きの者や司教たちは、ヘレナの決定をありがたき決定としたのです。ですから現在、この聖誕教会に足を運べば、イエスの生まれた場所そのものを見ることができるのです。エルサレムの聖墳墓教会に足を運べば、イエスが十字架に架けられた場所や、十字架から降ろされたとされる場所などを見ることができるのです。そして世界中からやって来た熱心なキリスト教徒たちが十字架から降ろされたイエスが置かれたとされる大きな石畳に感動に打ち震えながら口づけなどをし、あるいは感極まって涙など流している姿を見ることができるのです。わたしに言わせれば、これらの場所はすべて醜悪そのものですが、信じる者たちには聖なる場所なのです。聖地なのです。しかし、歴史的には、この聖地意識がトラブルの要因となってきました。悲劇的なことは、聖書学者や歴史家たちがそのことに気づかないことであり、気づいたとしてもそれについて発言する勇気をもたないことです。わたしは大学の宗教学の講義では必ず聖地意識や聖性の問題を取り上げることにしております。

図2-10　レオナルド・ダ・ヴィンチ、洞窟の聖母、1483-86年、ロンドン・ナショナル・ギャラリー

図2-9　レオナルド・ダ・ヴィンチ、洞窟の聖母（部分）、1483-86年、ルーブル美術館

先に進む前に、レオナルド・ダ・ヴィンチ（一四五二―一五一九）の「洞窟の聖母」と題する作品を二つばかりお見せいたします。みなさん方はどこかでどちらかを、あるいはどちらをもご覧になっていると思います。最初の絵は現在ルーブル美術館で見ることのできるものです（図2－9）。次の絵はロンドンのナショナル・ギャラリーで見ることのできるものです（図2－10）。

ルーブルの絵ですが、この絵には二人の幼子が描かれております。もちろん、キリストとヨハネですが、どちらがキリストで、どちらがヨハネなのか非常に分かりにくいものです。はじめてこれをルーブルで見たとき、わたしはこの絵の前で一時間ばかり考え込んでしまいました。右側に座っている女性がエリサベトだとすると、その足下に座っている幼子はヨハネとなり、しかもこの二人は左の方に指先を向けておりますから、中央のマリアが右手で支えているのがキリストとなります。まあ、ここまでは容易に想像できるのですが、問題はマリアの左手の仕草です。それは祝福を与える手の仕草です。もしそうだとすると、彼女がここで祝福しているのはエリサベトの前に座っている彼女の子ヨハネとなってしまうからです。この想像にたいしては、左手で祝福を与えることがあるのかと反論されそうですが、マリアが左利きであったとすれば、左手で祝福を与えるのは自然となります。

わたしたちの陥る混乱を救ってくれるのはナショナル・ギャラリーの作品です。左側の幼子には十字架棒が描き足されております。こちらがヨハネなのです。右側のヨハネの母はもはや自分の子を指差すようなことをしておりません。中央のマリアの左手の仕草は同じですが、彼女の右手が支えている幼子がヨハネであると分かると、彼女の左手の仕草は必ずしも祝福の仕草と解する必要がなくなります。面白いものです。

なぜマリアとエリサベトらは洞窟（岩窟）の中にいるのでしょうか？ ヒントとなるものは『黄金伝説』の中にあるようです。どうかそちらをひもといてみてください。

割礼

イエスは誕生して八日目に割礼を受けます。

これは現代のユダヤ人でもそうですから、イエスがユダヤ人であったならば、生後八日目に割礼を受けたと想像したいものです。

必ずしも多くの画家がイエス割礼の場面を描いているわけではありませんが、ここでは趣向を変えて、対比のために、フラ・アンジェリコの描いたものと中世の反ユダヤ主義者らが描いたものをお見せいたします。

フラ・アンジェリコの作品はどうでしょうか？（図2－11）静謐さの中で粛然と執り行われている割礼の儀式です。では反ユダヤ主義者であるキリスト教の画家が描いたものはどうでしょうか？（図2－12）ここでの割礼を施す者たちとそれを見守る男たちはいずれもオリエント的な衣装をまとっております。オリエント的なものがヨーロッパに入りはじめていることが分かります。マリアは左の窓から心配そうに覗いております。右端にはヨセフが立っております。わたしはすでに『反ユダヤ主義を美術で読む』（青土社）の中で、こうした画像をいくつか扱っておりますので、そちらをご覧になることをお願いします。キリスト教のイデオロギーに奉仕する画家た

図2-11　フラ・アンジェリコ、キリストの割礼、1450年頃

図2-12　作者不詳、13世紀

ちは、キリストはこんな悪人のようなユダヤ人たちによって割礼を施されたのだ、という印象を画像を見る者たちに与えようとしております。

西欧キリスト教世界では、イエス・キリストの誕生に関する出来事でしたら何でもかんでも祝ってしまいますが、キリストが割礼を受けた日は祝われたのでしょうか？　祝われました。一六世紀以降です。では、その祝日はいつだったのでしょうか？　これは簡単に割り出せます。割礼は生後八日目に施されるものだからです。イエスの誕生をかりに一二月二五日としますと、そこから起算して八日目が割礼の日ということになります。一月一日に祝われたのです。もっとも現代ではその日を特別扱いしないようです。元旦の日にお雑煮を食べながら、キリストさまの割礼の姿に思いを馳せるのも大変です。

エジプトへの避難とそこからの帰国

マタイによれば、イエスが誕生するとヘロデ王はメシアが生まれたことに不安を覚え、幼子イエスを探し出そうとします。ヨセフはマリアとイエスを連れてベツレヘムからエジプトへ逃れます。ベツレヘムとその周辺にいた二歳以下の子供たちはみな殺されたそうです。ヨセフらはヘロデが死ぬまでエジプトに滞在しますが、王が死ぬと、イスラエルの地に戻り、ガリラヤ地方のナザレと呼ばれる町で暮らしはじめたそうです。

マタイはこれらのことすべてを預言の成就という視点から書いておりますが、「預言の成就」とか、「夢の中のお告げ」と喧伝されるときには、それをはなから疑ってみる習慣を身につけたいものです。もちろん、それを疑わず、聖書に書かれてあることはすべて歴史の上で起こったのだと信じたのはキリスト教のイデオロギーに奉仕した西欧の画家たちで、彼らは、たとえば、エジプトへの逃避行を描きました。「聖家族の逃避行」の名で――。

神殿奉献

ルカによれば、イエスの両親は生まれてすぐのイエスをナザレからエルサレムの神殿に連れて行き、そこで主に献げたそうです。神殿は聖所ですから、そこには頭のおかしくなったとしか形容できない者たちが大ぜいおります。そこには主が遣わすメシアに会いたい、会うまでは死ねないと勝手に思い込んでいる者たちがおります。一日中そこで断食をしたり、主を讃美したりしている者たちがおります。そこをデイケア・センターと勘違いして一日中徘徊している者たちもおります。神殿奉献で連れて来られた幼子に「主の祝福があるように」とか言いながら、話しかける者たちもおります。シメオンとかいう年寄り、アンナとかいう女預言者もそうした者たちのひとりです。ルカは彼らをイエス奉献の場面に登場させます。そのため、この場面が絵になったりするのですが、イエスの両親は、本当に、生まれたばかりのイエスを連れてナザレからエルサレムまでの旅をしたのでしょうか？　目的地はエジプトよりも遥かに近いものですが、それでも一週間はかかる長旅です。道中では追いはぎが待ち構えております。危険な往路であり、危険な復路です。季節はいつだったのでしょうか？　夏でしたら、その熱暑は耐え難いものです。幼子はガリラヤを出発して一時間後には脱水症です。

イエスの誕生についての別の理解

本書の第2章を締め括るものとして、最後に、福音書に書かれているイエスの誕生物語をおかしいぞと申し立てた人たちについてお話しいたします。

四世紀の最初の教会史家であるエウセビオスの『教会史』によれば、キリスト教の早い時期の一派に「エビオン派」と呼ばれる派が存在しておりました。

この派の者たちは、イエスの誕生に関しては、彼はマリアとヨセフのセックスから生まれたと、きわめて真っ当な見解を申し立てたのです。しかしそれは、正統教会からはとんでもない見解だとして退けられ、異端視されました。

わたしは「異端大好き人間」ですからはっきりと申し上げますが、古代キリスト教世界における正統と異端の争いでは、ほとんどつねに、異端の方の申し立てに合理性や健全性の軍配は上がります。

イエスはマリアとローマ兵の間の子であるとする見解を披瀝した者たちもおりました。ガリラヤの地にはシリアに駐屯していたローマの正規軍団の兵士や、海沿いの町カイサリアに駐屯していたローマ軍の補助兵たちが日常的にうろちょろしていたのは確かですから、マリアがローマ兵と懇ろな間柄となり、ガリラヤの町中を手を取り合って歩いている光景などは想像し得るものなのです。いずれにしても、これらの見解の存在は、福音書が語る「聖霊による身ごもり」説が早い時期に破綻していたことを物語るものです。そしてこの破綻を背景として生まれたのが、マリアの処女性をその最初から最後までうたいあげる福音書、『原ヤコブ福音書』（八木誠一ほか訳、教文館）だったのではないでしょうか？　これについては本書の第三分冊で別個に取り上げるつもりです。

第3章　ガリラヤのイエス

福音書によれば、イエスはいわゆる公生涯に入る前に洗礼者ヨハネから洗礼を受け、次に荒れ野でサタンの誘惑にあったそうです。この第3章では、最初にイエスの洗礼と荒れ野での誘惑についてお話しし、ついでガリラヤでのイエスについてあれこれと語りたいと思います。

イエスの洗礼

マタイや、マルコ、ルカによれば、イエスは洗礼者ヨハネからヨルダン川で洗礼を受けたそうです。ヨルダン川はガリラヤ湖から死海に注ぐ小さな川です。旧約聖書のヨシュア物語にも、この川のことは出てきます。ヨシュアとその一行がカナンの土地に入るとき渡渉しなければならない川だったからです。

福音書記者は、イエスの洗礼がいつ、ヨルダン川のどの辺りで行われたかを記しておりません。イエスが洗礼者ヨハネから洗礼を授けられて水から上がると、天がイエスに向かって開き、さらに天から人語「これはわたしの愛する子、わたしの心にかなう者」(マタイ三・一七)が聞こえてきたそうです。神はときどき人語を発するお方のようで、わたしたちを戸惑わせます。神が饒舌になりますと、人間としての神という議論を引き起こしかねません。

ここでみなさん方にお尋ねいたします。

神が最初に人語を発した場面はどこにあるのでしょうか? 創世記の天地創造の場面です。神は創造の第一日目に「光あれ」と申しましたが、あれが間違いなく神による人語の第一声です。

神と人語。

これは形容矛盾であるかもしれません。神と神語と言うべきなのかもしれませんが、わたしなどは、神は寡黙の方、絶対的沈黙者であってほしいと日頃願っております。

福音書によれば、洗礼を授けられたイエスの上に聖霊が鳩のように降ってきたとありますが、西洋キリスト教美術においては、ここでの記述から、聖霊は鳩でもって象徴させるようになります。

図3-1　バルトロメオ・ディ・ジョヴァンニ、1488年

イエスの洗礼の場面は、多くの画家が描いておりますが、ここではイタリアの画家バルトロメオ・ディ・ジョヴァンニ（一四八〇—一五一〇ころ活躍）のものを一点お見せいたします（図3−1）。イエスの足下にヨルダン川が描かれております。イエスに洗礼を授けているのがヨハネで、彼はイエスの先駆者であることを示す十字架棒を左手にもっております。右側には翼のあるみ使い（天使）が着替えの衣をもって控えております。わたしがこの絵に引かれる理由がお分かりでしょうか？　イエスにしても、ヨハネにしても、洗礼の順番待ちをしている二人の男にしても、だれもがメタボだからです。この絵は、ジョヴァンニの時代は栄養過多の時代であったことを教えてくれる、貴重な絵かもしれません。

荒れ野でのサタンの誘惑

共観福音書の物語によれば、イエスは公生涯の生活に入る前にサタンによって「荒れ野」に、次に「聖なる都」に、そしてさらに「非常に高い山」に連れて行かれ誘惑を受けます。これが「荒れ野での四〇日四〇夜の誘惑」と称されるもので、多くの人には馴染みのある物語ではないでしょうか。

ここでの四〇日四〇夜に見られる「四〇」という数は、創世記に書かれた大洪水で、ノアとその家族が乗り込んだ船が水の上を彷徨った日数と同じです。またこの四〇という数は、モーセの荒れ野で彷徨した四〇年の四〇という数と同じです。四〇という数はユダヤ教における聖なる数で、それだけにその数を文字どおり四〇日を表すものだなどと受け取る必要はありません。人間、荒れ野に四〇日間とどまることなどできません。イエスの同時代人にアレクサンドリアのフィロンと呼ばれる著名なユダヤ人哲学者がおりました。彼は自分を鍛えるためにアレクサンドリアの町を離れて荒れ野で修行しようとしたのですが、それに失敗し、しばしばアレクサンドリアに舞い戻っております。荒れ野でのステイが可能となるのは、そこに修道院が建つか、単独でも住むことのできる簡単な住空間が確保されてからのことなのです。ですから、福音書で語られている荒れ野での四〇日四〇夜物語の真実性は、はなから疑っても構わないものとなります。

さて、一番古いマルコ福音書の記述ですが、それは素っ気なく、「それから霊はイエスを荒れ野に送り出した。イエスは四〇日間そこにとどまり、サタンから誘惑を受けた。

その間、野獣と一緒にいたが、天使たちが仕えていた」とあるだけです。一方、マタイは、その試みが何であるかを記しておりますので、この場面を絵にする画家たちは、マタイとマルコの両方を参照したはずです。その絵をお見せする前に、みなさん方に注意してほしい言葉があります。マルコでのサタン、マタイとルカでのディアボロスという言葉です。どちらも悪魔を意味しますが、神はいったいいつどこで悪魔を創造したのでしょうか？　天使（み使い）とか悪魔という言葉に遭遇するたびに、一神教の神の立場からすれば、これらのものの存在は神の本来の職域、すなわち神の活動領域に入り込むものだけに、その存在は想像されてはならないと思われるのですが、みなさん方はいかがお考えでしょうか？

最初の画像はフィレンツェの画家サンドロ・ボッティチェリ（一四四四―一五一〇）作の「キリストの生涯」と題する賑やかなサイクル画です（図3-2）。ヴァチカンのシスティーナ礼拝堂で見ることができます。中央の建造物は「聖なる都」を象徴するものですが、その屋根の上に悪魔とイエスが立っております。悪魔がイエスに向かって「神の子なら、飛び降りたらどうだ」と挑発しているのです。本当に飛び降りていたら、いったいどういう展開になったでしょうか。

福音書によれば、イエスは自分を試みる悪魔《サタン》に向かって「退け、サタン」と一喝する

図3-2　ボッティチェリ、「キリストの生涯」の中のサイクル画、1481-82年

と、天使たちが現れてイエスに仕えたとあります。画面の右上には悪魔とイエスが立っております。ここでは、悪魔がイエスにこの世の繁栄ぶりを見せて「わたしを拝むならこの世の栄誉を与える」と約束すると、イエスが「退け、サタン」と一喝した場面が描かれております。ここでのサタンは、鉤《かぎ》のように曲がった手と曲がった爪の足をもつ毛むくじゃらの野獣ないしは野人として描かれております。イエスの後ろには机と三人のみ使いが見られます。これは後になっての話ですが、プロテスタント陣営がカトリックの教皇を攻撃するときに、しばしば教皇を毛むくじゃらの野人に仕立てましたが、それができたのもこの頃までに、サタンを毛むくじゃらの野人として描くこ

とが一般的になっていたからでしょう。机の上には葡萄酒とパンが置かれているように見えます。もしそうなら、ここでの三人の天使（み使い）は、キリストの血（葡萄酒）と肉（パン）を口にするキリスト教の聖餐式の準備をしていることになりますが、この三人は、ラファエル、ガブリエル、それにミカエルです。

ファン・デ・フランデス（一五〇〇ころ活躍）は、断食してさすがに空腹を覚えたイエスの前にサタンが石を持って現れ、「神の子ならこの石をパンに変えてみよ」と要求している場面を描きました（図3-3）。ここでのサタンは修道服を着用しておりますが、一五世紀のイタリアやネーデルランドの画家たちもまた、修道服着用のサタン像を好んで描いたそうです。修道士でさえサタンになり得ることを言いたかったのでしょうか？　それとも修道士にもサタンは忍び込むことがあることを言いたかっ

図3-3　ファン・デ・フランデス、キリストの誘惑、1500年頃

たのでしょうか？　ここでの修道士はフランシスコ会派の修道士のようです。もしそうならば、これはフランシスコ派の修道院の食堂にでも飾られていたのでしょうか？　この悪魔には角も生えております。角の生えているモーセが描かれることは本書のシリーズ二巻目『旧約篇』で学びますが、なぜ悪魔に角なのでしょうか？　これは調べるに値いします。

イエス、ガリラヤへ退く

マタイ福音書によれば、イエスは悪魔の試みにあっているときに、ヨハネが捕らえられたことを知ります。洗礼を授けてくれたあのヨハネです。幼いときの遊び友達、プレイメイトだったあのヨハネです。

誰がヨハネ捕縛のニュースをもたらしたのでしょうか？

イエスはガリラヤに退きます。

なぜガリラヤだったのでしょうか？

それは預言者イザヤの言葉、「……異邦人のガリラヤ、暗闇に住む民は大きな光を見、死の影の地に住む者に光が射し込んだ」が成就するためだったそうですが、なぜイエスのガリラヤ行きをイザヤの預言の成就と結び付けねばならないのか、その辺りのことはよく分かりません。

宣教の第一声

宣教の第一声は、選挙の第一声と同じく大切です。

マタイによれば、イエスは、「悔い改めよ。天の国は近づいた」と言い放って、宣教を開始したそうです。マルコによれば、イエスの宣教の第一声は、「時は満ち、神の国は近づいた。悔い改めて福音を信じなさい」です。マタイとは少しばかり違います。

マタイに見られる「天の国」はより正確には「天の王国」です。マルコの「神の国」は「神の王国」です。問題はこの「王国」と訳されたギリシア語バシレイアです。このギリシア語は「ローマ帝国」の「帝国」をも意味いたします。最初の数世紀の教会の物書きたちが残した文書には、帝国の意でバシレイアが用いられております。帝国は政治的な概念ですが、それがここで使用されているのです。この宣教の第一声は、この言葉の使用により、ローマ帝国の辺境にあってローマの支配下に置かれているユダヤの民に向かって特殊なメッセージを発するものになっております。この「帝国《バシレイア》」の前に「天の」とか「神の」とかいう形容語句をつけることで、そのメッセージがローマの官憲の耳に入っても十分逃げ切れるようにされております。ローマの支配のもとに置かれたユダヤ人たちはしばしば、ローマ人に聞かれてもすぐには分からない隠語を使用しました。たとえば、ローマを指して「バビロン」というときです。バビロンという言葉を用いて退廃した都ローマを批判したわけですが、ここでの「王国」という用語も一種の隠語と見なすことができるものです。

ルカはイエスの第一声を伝えず、イエスがナザレの会堂に入ってイザヤの巻物の一節を読んだとしております。

「主の霊がわたしの上におられる。
貧しい人に福音を告げ知らせるために、
主がわたしに油注がれたからである。
主がわたしを遣わされたのは、
捕らわれている人に解放を、
目の見えない人に視力の回復を告げ、
圧迫されている人を自由にし、
主の恵みの年を告げるためである。」（四・一八―一九、訳文は新共同訳聖書から）

弟子たちのリクルート

福音書によれば、少なくともそこに書かれている物語の順序によると、イエスは非常に早い時期に、最初はガリラヤ湖で漁をしていた二人の男、ペトロと呼ばれる人物とその兄弟アンデレを弟子にし、次にはもう一組の漁師ゼベダイの子ヤコブとその兄弟ヨハネを弟子にします。いずれも彼らに二言三言声をかけただけで、弟子にしてしまいます。驚くべき安直なリクルート法です。慢性的人手不足の自衛隊の人集めでもあるまいしと思ってしまいますが、それにしてもなぜリクルートのターゲットを漁師に絞ったのでしょうか？　何でも信じてくれるからでしょうか？　なぜモーセ五書の内容を諳んじているインテリたちではなかったのでしょうか？　イエスの言葉を疑ってかかるからなのでしょうか？　なぜ、たとえば、パリサイ派の者のように宗教色の濃厚な者を弟子とし選び、再教育を施さなかったのでしょうか？

なぜ、なぜ、なぜと、なぜのオンパレードですが、その「なぜ」は傍らにおいて、最初にお見せするのはドゥッチオ・ディ・ヴォニンセーニヤ（一二五五―一三一九）の作品です（図3-4）。ワシントンのナショナル・ギャラリーで見ることができます。小舟の中の二人の男がペトロとアンデレです。構図は非常に単純明快で、それだけに見る者の印象に残る作品となっております。金色に塗られた背景の空間部分も印象的です。

図3-4　ドゥッチオ・ディ・ヴォニンセーニヤ、弟子になるよう呼びかけるイエス、1545年

イエスは二人に向かって「わたしについて来なさい。人間をすなどる漁師にしてやろう」と言っております。いったいそれはどういうことなのだ、と戸惑う表情が二人の漁師にあったらこの絵はもっと印象的になったかもしれません。この絵を見て注意して欲しいのは、ドゥッチオの絵では、イエスはつねに裸足です。弟子たちがサンダルをはいている場合もです。

ロレンツォ・ヴェネツィアーノ（一三五六―七二ころ活躍）も面白い作品を残しております。ドメニコ・ギルランダイオ（一四四九―九四）はヴァチカンのシスティーナ礼拝堂に飾られた作品で、キリストの前でぬかずくペトロとアンデレを描いております。ヴィットーレ・カルパッチオ（一四七二―一五二六）は収税人マタイを描いております。背景はヴェネチアです。マタイの上には日よけとして扉板のようなものが跳ね上がっておりますが、これこそは当時のヴェネチアの建物の特色をよく表すそうです。

図3-5　ヤーコプ・ウェト、ガリラヤ湖のイエス、製作年代不明

こちらはヤーコプ・ウェト（一六一〇—一七一以降）が描いたものです（図3—5）。

イエス時代に実際に使われていた船というものが、現在、一艘、ガリラヤのキブツ・ギノサルの博物館に展示されております。それは今から二〇年前の一九八六年に、湖面の水位が下がったときに、ガリラヤ湖の北西の湖岸近くの沼の中から姿を現したもので、キブツ・ギノサルの二人の漁師が発見したものです。ボートの形が崩れないようにするため薬品入りのプールに七年間つけておいたものです。このボートの中から見つかった陶片と釘や、カーボンテストなどから、これはイエス時代の船であるとされております。

さてイエスは、四人の弟子たちをアシスタントにして宣教活動を開始いたします。福音書によれば、ガリラヤ中の諸会堂で教え、福音を宣べ伝え、民衆の病を治したとされます。イエスの宣教活動には病気の治療も入っていたのです。神の子であれば、なんでもできて不思議ではありませんが、その評判がパレスチナの全土に広がり、その評判が大ぜいの病人たちをイエスのもとにもたらします。多忙の毎日を送っていたのではなく、過労死直前の日々を送っていたと想像したいものですが、福音書にはそれをにおわす記述は見られません。

山上の説教

イエスはガリラヤの町々を経巡るだけではありません。「山」にも登ります。そこでも彼に付いてきた弟子たちや群衆に向かって説教をいたします。いわゆるイエスの「山上の説教」というやつです。昔は確か、「山上の垂訓」と言っておりました。この説教の中のどれほどのものが歴史のイエスの口に帰すのか、これは非常に興味のある問題ですが、その議論は新約学者にまかせましょう。

マタイ五・三以下（ルカ六・二〇以下）によれば、イエスは山の上で「幸い」について教えたそうです。わたしの翻訳で読んでみましょう。

「何と幸せな者だ、心の貧しい者たちは。
　天の国（神の王国→神の帝国）は彼らのものだからである。
何と幸せな者だ、嘆き悲しむ者たちは。
　彼らは慰められるからである。
何と幸せな者だ、柔和な者たちは。
　彼らは地を相続するからである。
何と幸せな者だ、義に飢え、渇く者たちは。
　彼らは満たされるからである。
何と幸せな者だ、憐れみ深い者たちは。
　彼らは憐れみを受けるからである。
何と幸せな者だ、心の清い者たちは。
　彼らは神を見るからである。
何と幸せな者だ、平和をつくりだす者たちは。
　彼らは神の子らと呼ばれるからだ。

何と幸せな者だ、義のために迫害されている者たちは。
天の国（神の王国→神の帝国）は彼らのものだからである。」

ここで「天の国」が二度出て来ていることにご注意ください。それは、すでに述べたように、天の王国、天の帝国です。おまえたちはこの世の帝国で苦しめられている、おまえたちはこの世のローマ帝国では迫害されている、しかし、天の帝国はおまえたちの

図3-6　コジモ・ロッセリ、山上の説教、1481-82年

ものだというわけですが、迫害が帝国との関連で出て来る箇所は、もしかして後の時代、すなわち対ローマのユダヤ戦争（後六六―七〇）の直前か直後のものだったかもしれません。

フィレンツェ派の画家コジモ・ロッセリ（一四三九―一五〇七）はこの場面を描いております（図3-6）。山上で人びとに語りかけているイエスを描いた作品は意外に少ないようです。イエスが立つ中央の小高い丘の右手後方に、弟子たちの集団が見られます。この集団には九人しかおりませんが、左後方に小さく、残りの三人が九人の集団に向かって歩いてくるのが描かれております。画面右下では、イエスが跪く半裸の男に手をかざしております。半裸の男はレプラ患者で、イエスが癒しを行っている場面です。

マルタとマリアの家のイエス

ルカの第一〇章に見られるマルタとマリアの家のキリストも絵とされます。ヴェネツィアの画家ティントレット（一五一九―九四）や、ヨハネス・ヤン・フェルメール（一六三二―七五）らが描いております。フェルメールの絵ではマルタはイエスに、焼き立てのパンをかごに入れて差し出しております。焼き立てのパンの香りが画面から漂ってくるようです。ティントレットの絵では、マリアの視線から判断しますと、彼女はイエ

図3-7　ティントレット、マルタとマリアの家のイエス、1570-75年

スに夢中です（図3－7）。イエスはそれに当惑して彼女への視線をそらしております。ヨハネの第九章によれば、このマリアはラザロの姉妹であり、「主に香油を塗り、髪の毛で主の足をぬぐった女」だそうです。イエスが葬られた墓を見に行ったのもこのマリアであり、復活のイエスの後を追っかけて行ったのもこのマリアです。マリアは、わたしの観察するところ、どうもガールフレンド以上の存在であったように思われます。イエスが性的な関係を結ぶ相手としたら、彼女こそは至近距離にいた女性ではないでしょうか。

これはわたしの愛する子、わたしの心に適う子

マタイ一七・一以下によれば、イエスはある日、ペトロとヤコブ、それにその兄弟ヨハネを連れてガリラヤにある高い山に登ります。するとそのとき、彼の姿が弟子たちの前で変わり、顔は太陽のように輝き、服は光のように白くなったそうです。そしてそのときモーセとエリアが現れて、イエスと語り合ったというのです。聞いてびっくり、見たらもっとビックリするに違いない変貌の場面を描く画家たちがおります。

再びドゥッチオです（図3－8）。

中央に立っているのがイエスです。ここでの彼の着衣は白ではありません。金色を下地とした青です。イエスの右と左にはモーセとエリヤが立っておりますが、どちらがどちらであるのかわたしにはよく分かりません。右の男は羊皮紙を手にしております。もしそれがモーセ五書を示すものであれば、その人物がモーセとなります。彼は岩場の端に立っておりますが、足を踏み外さなければと思います。見ていてひやひやです。

イエスの変貌におったまげているのが、ペトロとヤコブとその兄弟ヨハネです。マタイによれば、弟子たちがおったまげていると き、光り輝く雲が彼らを覆い、雲の中から人語「これはわたしの愛する子、わたしの心に適う者。これに聞け」という声が聞こえてきたといいます。それにしても、「これに聞け」(新共同訳聖書)とは、随分無機質な言い方です。あわててギリシア語聖書を開いてみました。そこには「彼に聞け」とありました。少しばかり安心ですが、それにしてもイエスに何を聞けばよいのでしょうか? 弟子たちは何も聞いてはおりません。

図3-8　ドゥッチオ、変貌、1308-11年

図3-9　フラ・アンジェリコ、イエスの変貌、1440-41年

次はフラ・アンジェリコ（一四〇〇―五五）の描くものです（図3―9）。ここでの変貌のイエスは両手を左右に振り上げております。その姿勢はイエスが十字架の上に架けられることを示唆します。イエスの頭の上の光輪にも十字架が描かれております。イエス自身はさらに身光につつまれております。モーセやエリヤは、どちらが右でどちらが左なのか分かりませんが、イエスの右と左に描かれております。その下の左にはイエスの母マリアと思われる人物が描かれております。右には聖ドミニコの祈る姿が描かれております。彼の頭光に注意してください。そこには聖霊かその発信源が描かれております。ちゃっかりしたものです。もちろん、下段に描かれているのは、ペトロとヤコブとヨハネです。

　粗忽者のわたしは、この絵をはじめて見たとき、イエスが夏の朝六時ころ、どこかの岩場の上で、ラジオ体操か何かをしているのかと錯覚いたしました。両手の上げ具合がラジオ体操のように見事だったからです。

ジョヴァンニ・ヴェルリーニ（一四三〇―一五一六）は一四五五年と、それから三〇年後の一四八七年に変貌のイエスを描いております。ウェブで検索してみてください。

カエサルのものはカエサルに

ナポリ出身の画家マッティア・プレーティ（一六一三―九九）は「カエサルのものはカエサルに」を描いております。ペトロが収税人に貨幣を手渡そうとしております。この絵の歴史的背景ですが、わたしはそれを紀元後六六年のユダヤ戦争勃発直前にもとめます。ここまでですでに何度か登場願った紀元後一世紀のユダヤ人の物書きヨセフスによれば、それまで納めていたローマへの貢ぎ物の拒否がローマとの戦争の引き金を引く要因のひとつになったとしているからです。そのとき、エルサレムの親ローマ派の議員たちは顔面蒼白となり、貢ぎ物を集めるのが本来の仕事ではなかったにもかかわらず、貢ぎ物集めに奔走したからです。カエサルのものはカエサルに、すなわち「ローマ政府に納める貢ぎ物はローマ政府に」は、イエスの口をついて出たものではなく、六六年の貢ぎ物を集めるためのドタバタ劇を知っている福音書記者がイエスの口に置いたものなのです。イエスの口には、たとえば、エルサレムの崩壊など、彼が口になどしなかった言葉が他にもいくつか置かれております。

あなたたちの中で罪を犯したことのない者が……

ヨハネ八・一—一一に「姦通の女」の話があります。

あるとき、エルサレムの神殿にいるイエスのもとへ律法学者やファリサイ派の者たちが姦通の現場で捕らえた女を連れてきます。そのとき彼らはイエスに向かって、「モーセの掟にしたがい、この女を石打にすべきかどうか」と尋ね、イエスを試します。イエスはかがみ込んでしばし沈思黙考です。そしてこう言うのです。「おまえたちの中で罪を犯したことのない者が、まず、この女に石を投げるがよい」と。するとそこに立っていた者たちは、ひとりまたひとりと立ち去って行ったというのです。

これはわたしのお気に入りの場面ですが、それはここでのやりとりがイエスの時代にモーセの定めた掟など少しも守られていなかったことを教えてくれるからです。もしモーセの掟が厳格に守られていたのであれば、この女をイエスの前に差し出す必要などさらさらなく、さっさと石打の刑に処してもかまわなかったはずです。しかしそれができなかったのです。この女を告発しようとした者たちがみな、イエスの言葉に圧倒されて、その場を離れたというのも凄いものです。彼ら全員がモーセの掟を犯し、人妻に手を出していたのでしょうか。それにしても、この女のお相手をしていた男はどこに消えてしまったのでしょうか？

レンブラント（一六〇六—六九）はこの場面を描いております（図3—10）。この絵が凄いと思われるのは、画面上に二つの対極にある場面が描かれているからです。左下には、イエスの前に引き出された女と、彼らを取り巻く律法学者やファリサイ派の者たちが描かれております。画面の右上の二階部分には、モーセの律法を学んでいるユダヤ人たちが描かれております。彼らはモーセの律法を学ぶが、この姦通の女と同様、それを足蹴にしているというわけです。神から与えられた律法もその程度のものだったのです。「モーセの律法は鴻毛より軽し」。こんな格言はなかったでしょうか？

よきサマリア人

「よきサマリア人」のたとえはルカ一〇・二五—三七にしか見られません。物語によれば、エルサレムからエリコへ向かう途中の人間が追いはぎにあって重傷をおったが、そこを通りかかった祭司もレビびとも彼を助けようとはしなかった。しかし、その後、そこを通りかかったひとりのサマリア人だけは別で、彼は適切な措置をとって、この人の命を救ってやったそうです。

図3-10　レンブラント、キリストと姦通に問われる女、1644年

ヨセフスの『ユダヤ古代誌』の中で語られている当時のサマリア人とユダヤ人の関係を背景にして読めば、このよきサマリア人の話はそれなりに面白い話になりますが、なぜサマリア人とユダヤ人の仲は悪かったのでしょうか? それは、多分、彼らサマリア人が彼ら自身の神殿をもち、エルサレムの神殿に背を向けていたからでしょう。彼らはモーセ五書とヨシュア記を自分たちの正典文書としておりました。現代のサマリア人――その数はわずかなものですが――とユダヤ人の関係も相変わらずのものであることを覚えておきたいものです。エルサレムからサマリアの町を訪ねようとしたら、アラブ・ナンバーのタクシーを雇うしかありません。今から二〇年以上も昔の話ですが、わたしはゲリジム山を知りたくて、サマリアの町をひとりで訪ねたことがあります。そのときもアラブの運転手を雇いました。

「よきサマリア人」の絵ですが、イタリアの画家ドメニコ・フェーティ(一五八九―一六二四)や、同じくイタリアの画家マステレッタ(一五七五―一六五五)らが描いております。

カナの婚礼

ヨハネ二・一―一一は、カナでの婚礼の物語を語っております。ガリラヤのカナと呼ばれる場所での婚礼の席に、イエスは母のマリアや弟子たちと招かれます。大ぜいの客人がいたのでしょう。葡萄酒が足りなくなりますが、イエスは水がめの水を葡萄酒に変えます。これはイエスが行った最初の奇跡で、この最初のしるしを見て、彼の弟子たちは彼を信じたとあります。奇跡は信仰のための立派な小道具です。

これはマルティン・デ・フォス（一五三二―一六〇三）の描いた「カナの婚礼」で、一六世紀、ルネサンス期の婚礼を舞台としております（図3-11）。花嫁と花婿の姿は奥の壁前に容易に認めることができます。花嫁は、当時の習慣で、立派な冠をかぶっております。しかし主役は画面中央のイエスであり、水がめを指さして中身を葡萄酒、それもともと用意されていたのよりも上等な葡萄酒に変えております。イエスの左隣にいるのが彼の母マリアで、彼女は左の召使いに何やら言いつけております。

ところで、このカナはガリラヤの地名とされておりますが、ガリラヤ地方を遠望できるレバノン南部の町にもカナと呼ばれる町があり、そちらはそちらで、イエスによる最初の奇跡が行われた場所であることをうたっております。

パンと魚の奇跡

パンと魚の奇跡も描かれます。ティントレット、ドゥッチオ、ラファエロ（一四八三

図3-11　マルティン・デ・フォス、カナの婚礼、1596-97年

―一五二〇）らが描いております。ラファエロは祭壇画を模したものをタペストリーに描いております。このタペストリーには、ティベリアスの町ではなくて、ヴァチカンの建つ丘が描かれております。

これはどうでしょうか（図3―12）。フランスの画家ジャン・バプティスト・ジュブネ（一六四四―一七一七）の作品ですが、ここに見られる魚はガリラヤ湖のものではないでしょう。わたしは釣りが好きなので、これまでガリラヤ湖では何度か釣り糸を垂ら

図3-12　ジュブネ、大量の魚の奇蹟、1706年以前

しておりますが、このように大きな魚を釣り上げたことはありません。それに画像を拡大してよく見ますと、ヒラメがおります！　鯛はいないのでしょうか？

盲人の癒し

すでに述べたように、イエスの宣教活動の中には癒しが入っておりました。イエスはレプラを患っている者を、「よろしい、清くなれ」と命じただけで癒したそうです。カペルナウムでは中風で寝込んでいる百人隊長のしもべを、「帰りなさい、あなたが信じたとおりになるように」と言っただけで癒したそうです。悪霊に取り憑かれていた人に向かって、「出て行け」と命じると、悪霊は出て行ったそうです。中風の人に向かって「起き上がって床を担ぎ、家に帰りなさい」と言うと、その患者は起き上がって、家へ帰って行ったそうです。口のきけない人がいると、その口から悪霊を追い払い、口がきけるようにしてやったそうです。

信仰心が乏しく、そのため何でも疑ってかかってしまう悪癖を身につけてしまったわたしは、こういう癒しの話を聞くと、笑いこけてしまう前に、「本当かよ」とか、「マジかよ」と口にしてしまいますが、キリスト教のイデオロギーに奉仕した画家たちは不謹慎ではありません。彼らは癒しの場面を絵にいたします。この盲人の癒しを場面を描いて有名なのは、ドゥッチオです。二人の盲人がイエスに向かって「ダビデの子よ、わたしを憐れんでください」と叫んで、イエスに癒しをもとめ、イエスがそれに応じます。この物語でわたしに分からない箇所が二つあります。ここに登場する二人の男は盲人ですが、そうならばどのようにしてイエスの存在を視覚的に捉えることができたのでしょうか? 次に分からないのは、イエスが二人の盲人に見えるようにしてやった後、なぜ彼らに「このことは、だれにも知らせてはいけない」と厳しく命じたのでしょうか? 物語によれば、目が見えるようになった二人の盲人は、さっそくイエスの命令を破り、イエスによる癒しを言い広めたそうです。レプラ患者の癒しの奇跡でも同じでした。イエスはレプラ患者に癒しの奇跡をほどこすと、その者に向かって「だれにも話してはならない」と厳しく命じます(ルカ五・一四)。しかし、その患者が言い広めたのでしょう、この治療のうわさはたちまち近隣の地方に広まります。

盲人が見えるようにされた物語は、わたしたちに旧約聖書続篇のトビト記を思い起こさせます。雀の糞で失明したトビトが、息子トビアが持ち帰った魚の胆嚢を目に塗り、おかげで視力が回復したという話です。この物語を今回読み直してみました。こちらには、息子トビアが「胆嚢を父の目に塗り、手当をした」とか、「さらに両手を使って父の目の縁《ふち》から白い膜をはがした」という、治療の詳細らしきものが書かれていて、物語を読む者にそれなりの説得力を与えますが、イエスの癒しの物語には、読む者を納得させる詳細が書かれておりません。これでは、信じろと言われても無理です。残念なことです。

「主よ、もう四日もたっていますから、臭います」とは言わなかった

ヨハネ一一二八—四四はラザロの復活を語ります。

この場面も絵になるようで、大ぜいの画家がこの場面に挑戦してきました。ジョット(一二六七—一三三七)の絵はよく引かれますので、ウェブ上で引き出してみてください。そこでのラザロはぐるぐる巻きです。このようにするのは、死後三日目あたりから湧き出るウジなどが外に出ないようにするためであり、また死体の異臭を最小限に抑えるためですが、絵の中の右側の男は着衣の一部を鼻に当てております。これは異臭がただよっていることを示します。ぐるぐるまきのラザロを右と左から支えているのはラザロの二人の姉妹マリアとマルタですが、イエスの前に額ずいている二人の女性もマリアとマルタです。つまり、この二人はラザロを連れてきて、イエスに復活の命を与えてくれるようにと哀訴嘆願しているのです。右下に描かれている二人の人物は、ラザロの入っていた石棺の蓋を持ち上げておりますが、この動作により、ラザロが石棺に入っていたこ

図3-13　カラヴァッジオ、ラザロの復活、1608-09年

とが分かります。

こちらはカラヴァッジオ(一五七一―一六一〇)が描いたものです(図3―13)。

この絵については、少しばかり確信をもって、まじめに説明いたします。

ここでのラザロはぐるぐる巻きではありません。ラザロの遺体の頭部に口づけしているのはマルタで、その後ろに控えているのはマリアでしょうか? 遺体の頭部に口づけをする行為は、ラザロと二人の姉妹の間の情がいかに濃密なものであったかを示唆しているかのようです。

しかし、何か変です。

物語によれば、ラザロは死んですでに四日経っております。その遺体は死後硬直も終わり、腐敗の進行中です。ぐにゃぐにゃ状態の中でウジが大量に発生している状態です。それにもかかわらず、石棺の中から出てきたラザロの遺体はぐにゃぐにゃではなくて、何と十字架の姿勢をしっかりと取っているのです。しかもラザロの左手の下には骸骨があります。ラザロの遺体の形状は、実は、ゴルゴダ(これは骸骨を意味します)の丘での十字架、イエスが架けられることになる十字架を暗示するものとなります。そしてまた、ラザロの復活を描くことによって、イエスの復活をも暗示するものとなります。とすると、ここで描かれているマルタとマリアにも再解釈が必要となります。この二人はラザロの姉妹であると同時に、イエスが十字架に架けられるときに立ち会い、十字架から降ろされるときにも立ち会ったイエスの母マリアとマグダラのマリアでもあるのです。母マリアであるからこそ、ラザロの遺体、いやイエスの遺体の頭に口づけすることができるのです。ここではだれひとりとして、本来口にしてもおかしくない「もう四日もたっていますから、臭います」を口にしておりません。

なぜでしょうか？

その答えはイエスの右手を解釈し直すことで得ることができます。イエスの右手はラザロの復活を示すと同時に、彼自身が十字架に架けられることを指しているのです。もしそうだとすると、十字架の姿勢を取っているラザロの遺体を前にして、鼻を押さえることなどできなくなります。なお、余計なことを申し上げますが、石棺の蓋を持ち上げている男の右隣に描かれているのはカラヴァッジオ自身ではないでしょうか？

ラザロの復活の場面の記述で説得力を欠くと思われる箇所が、少なくとも二か所あります。ひとつは、盲人の癒しの場合と同様に、その癒しの手続きが書かれていないことです。「癒し」が短絡的に「信仰」と結び付けられているのです。もし「信じるならば」、癒しの奇跡が起こるとされているのです。そして、ラザロはイエスの発した大声「ラザロ、出て来なさい」で生き返るのです。本当に生き返ったのでしょうか？　復活後のラザロはどれくらい生き永らえたのでしょうか？　その報告がどこにもないのが残念です。

放蕩息子

最後はたとえからです。

福音書によれば、イエスは多くの機会にたとえで語りました。そのどれもが絵画になり得る場面を含んでおります。

ルカの第一五章に「放蕩息子のたとえ」があります。これはだれでもが知っているたとえだと思われますが、復習しておきましょう。

ある人に二人の息子がいて、下の息子は分け与えられた財産を金に換えると、遠い国に旅立ち、放蕩の限りを尽くし、全財産を使い果たしたとき、豚の世話をして何とか生きのびようとしますが、結局、父のもとへ帰っていきます。父はやはり父です。彼は両手を広げて帰ってきた息子を歓迎し、ぼろぼろの服装を改めさせ、肥えた子牛を屠って祝宴を開きます。父のもとに残っていた兄は、なぜ父が帰ってきた弟を歓迎するのか分かりません。そのため父に問いただすのですが、それにたいして父は「子よ、おまえはいつもわたしと一緒にいる。わたしのものは全部おまえのものだ。だが、おまえのあの弟は死んでいたのに生き返った。いなくなっていたのに見つかったのだ。祝宴を開いて楽しみ喜ぶのは当たり前ではないか」と言うのです。「放蕩の限りを尽くす」とは、豪快に女遊びをする、お大尽遊びをする、ということのようです。

この場面を描いたのはヴェネツィア派の画家パルマ・イル・ジョヴァネ（一五四四―一六二八）です（図3―14）。次は作者不詳です（図3―15）。どちらの遊びもたいしたことありません。見ていてがっかりです。

しかし、これはどうでしょう。

イギリスの画家ジェイムズ・ティソ（一八三六―一九〇二）が描いた一連もので、「現代的生活の中の放蕩息子」と題するものです。最初のものは父親から財産を譲り受け、勇躍父のもとを離れようとしている場面です（図3―16）。背景はロンドンの市中を流れるテームズ川沿いのテラスのあるレストランです。父親は友人たちを招いて食事をしております。白いテーブルクロスの敷かれた食卓の上には大きなふた付きのトレイが置かれております。念力でこの中のものをのぞいて見ました。ターキーのようなものが見えましたが、感謝祭の食事ではありませんから、そうではないかもしれません。ご主人は服装その他からして社会的に成功した人です。ご主人の奥さんはペットに手をそえております。ステキな犬です。犬を侍らせて食事をする。これはいかにもイギリス的です。

図3-14　パルマ・イル・ジョヴァネ、放蕩息子、1595-1600年

図3-15　作者不詳、放蕩息子、1600年頃

とそこに息子がボートに乗ってやって来て、船着き場の石段を駆け上って父に挨拶をしようとします。父親は自分のもとを去って行く息子に最後の訓戒を与えるか、説教をしております。それは、多分、父親としての情愛のこもったものでしょう。そのことは父親の目つきから分かりますし、また息子が父親を直視していることからも分かります。母親は自分たちのもとから去って行く息子を直視することができず、視線をそらしております。この夫妻の二人ないしは三人の招待客の目線もそれぞれ何かを語っております。右側の女性は招待客か、夫妻の娘か、放蕩息子の兄の嫁でしょう。彼女ひとりが冷ややかな目線を送っております。中央の招待客の女性は正面を直視しておりますが、彼女は息子と父親の間のやりとりをひとことも漏らさずに聞いております。左側の男性は中央の女性の旦那でしょうが、彼はナイフとフォークを重ね合わせております。この仕草は何のメッセージを発しているのでしょうか？　父親と息子の間のやりとりが長すぎて、そのため苛立ちを覚えているのではないでしょうか？　息子の頭の上から声をかけているのは、彼の兄です。兄は弟に向かって、「じゃ、元気でな」とか何とか、短い挨拶を交わそうとしております。

息子の旅立ちの場面はもう一点あります（図3－17）。この絵の制作年代は一八八二年ころです。息子は父親に別れの挨拶に来ております。

図3-16・17　ティソ、現代的生活の中の放蕩息子、1882年頃

左手で窓から外を見やっているのが彼の兄です。兄は弟が自分たちのもとから去って行くことに寂しさや不安を感じ取っているようです。兄の隣にいるのは彼の奥さんでしょう。ある解説書によりますと、ティソのモデルを長く務めたこの女性はニュートンと呼ばれる人の奥さんで、この絵の制作後に肺結核で亡くなったそうです。こちらはこちらでドラマがあったようです。ここで窓越しに見える川もまたテームズ川です。美術史家たちは、この場所や、この前にお見せした絵のテームズ川がどの地点のものであるかをすでに割り出しておりますが、わたしはそのような詳細にはあまり関心がありません。ルカ福音書によれば、父親から財産を分与してもらった弟は、遠い国へ旅立ったそうです。わたしはこの放蕩息子のたとえを読むたびに、その遠い国はどこかと想像しておりましたが、ティソにとってそれは日本だったのです。たしかにイギリスから見れば日本は「極東」です。とんでもなく遠い国です。弟はこの日本で芸妓さんたちを集めてはお大尽の限りを尽くします。それがこの場面です（図3－18）。日本の芸妓さんもそれなりによく描けております。祇園囃子が聞こえてきますが、この絵の背景は賀茂川なのでしょうか？　もちろんここでの川はテームズ川です。ティソはテームズ川が大好きなのです。

こちらは放蕩息子のご帰還の場面です（図3－19）。

図3-18・19　ティソ、現代的生活の中の放蕩息子、1882年頃

図3-20　ティソ、放蕩息子の帰還、1881-82年

一八八一年から一八八二年にかけて描かれたものです。左には豚やその他の動物が描かれております。ルカによれば、弟は財産を使い果たすと、豚の世話をしたとありますが、ここで描かれている豚は弟の零落を象徴するものです。父親と息子の抱擁が激しいものであったことは、跪いて父親にしがみつく弟の両手の指先から分かるし、また父親のシルクハットが床に飛び落ちたことからも分かります。右側には兄とその嫁が立ち尽くしております。兄は言葉を失っております。兄嫁は驚きの表情を示しております。ここでの川もテームズ川です。

次もティソが描いた放蕩息子のご帰還の場面です（図3-20）。

ティソの描く遠い国は日本でしたが、そこでの絵には日本趣味、日本心酔、英語で言うジャポニズム、フランス語で言うジャポニスムの影響が濃厚です。

ロンドンのハイドパークで万国博覧会が開催されたのは一八五一年のことです。ティソは一八三六年生まれですから、彼が一五歳のときのこととなります。彼はそのときこの博覧会を何度も見たのではないでしょうか？　彼がこの絵を描いたのは一八八一年か一八八二年、すなわち万国博覧会から三〇年後のことですが、この間には、浮世絵や版画をはじめとする日本の美術品が多数、イギリスやフランスで紹介されております。その辺りのことを思い浮かべながら、この一枚の絵をもう一度じっくりと見たいものです。

第4章　十字架に架けられたイエス

イエスはその生涯の最後をエルサレムで過ごしたそうです。

イエスはなぜガリラヤで宣教をつづけ、その地でその生涯を慎しく全うしなかったのでしょうか？　彼の生涯の最大の目的はエルサレムに上って行って、というよりはエルサレムに乗り込んで、神殿勢力と対決することにあったのでしょうか？

これは、後世のキリスト教世界で言うとヴァチカンに乗り込んで、ヴァチカンの宗教体制を相手に戦うようなもので、もし事実そうであったなら、イエスは根本的に反ユダヤ教主義者、反神殿主義者であったと想定せねばなりません。しかし、それ以前の問題として、そもそもガリラヤの地はエルサレムのユダヤ教の影響下にあったのでしょうか？　それを十二分に示唆する文献資料などあるのでしょうか？　まあ、こう考えていきますと、イエスのエルサレム行きにもどこか不自然なところがあり、イエスの最期が十字架上の死であることも疑ってみなければと思われるのですが、ここでは深入りしないことにします。その疑念はわたし自身に投げかけておいて、いつかの折にそれについて語ることができればと願っております。

ここでは福音書の物語に沿って、しかしそれに疑いを挟みながら話を進めたいと思います。

神殿入城

イエスは十二弟子を引き連れてガリラヤからエルサレムに上ります。福音書によればそれがイエスの生涯の最後の出来事、イエスの生涯の最後を締めくくる出来事となるのですが、エルサレムに上ったのが何年の何月何日であったのかは分かりません。その後の歴史の流れを大きく変えることになる出来事の正確な年月日が分からないのは困ります。福音書を読む者は頭を抱えてしまいます。

イエスは、エルサレムに上る途次、弟子たちに向かって、自分がそこで十字架に架けられるが、三日目に甦ることを予告します。

なぜ三日目の甦りであって、四日目や五日目ではなかったのでしょうか？　この疑問は大切です。先に進んでからお答えいたします。

一行は一週間以上かけてエルサレムに到着します。その近辺に近づくと、イエスは驢馬（と子驢馬）に乗り換えてエルサレムに入城したそうです。これは「預言の成就」という荒っぽい視点から福音書が申し立てているのであって、事実そうであったかは分かりません。彼にしたがった大ぜいの群衆は自分の服を道に投げ出して即席のカーペットをつくったり、彼に向かって「ダビデの子にホサナ。主の名によって来られる方に、祝福があるように。いと高き所にホサナ」と叫んだりします。「ホサナ」とは「おお（神よ）、救いたまえ」という意味です。こちらも預言の成就だそうですが、事実そのとおりであったかは分かりません。

最初にお見せするのはジョット・ディ・ボンドーネ（一二六七—一三三七）の作品です（図4－1）。

人びとがイエスとその一行を出迎える様子が描かれております。エルサレムの城壁にはいくつも門がつくられておりましたが、イエスとその一行が入って行った城門は、「黄金門」であるとされたりします。この門は『黄金伝説』の中の「マリア伝説」によれば、マリアがヨセフに出会ったとされる場所です。ですから、この門を黄金門と特定する背後にはこのマリア伝説が存在するのです。マリアとヨセフが出会った門を、イエスがその生涯の最後にくぐってエルサレムに入る。できすぎた話です。できすぎている

図4-1　ジョット、エルサレム入城、1304-06年

ときには疑わねばなりません。まあ、イエスのご一行様の入城門がどこであったかなどは特定できない、とするのが正しいでしょう。

ジョットの絵に戻ります。背景に二人の男が木に登っております。この二人は植木職人ではなくて、福音書に「人びとは木の枝を切って道にしいた」とありますから、イエスを歓迎するために、木に登って、その枝を切り落としているのです。もちろんここでは、エリコに入ったとき、イエスの姿をひと目見ようと

図4-2　ピエトロ・ロレンツェッティ、エルサレム入城、1302年頃

して「イチジクワ」の木に登ったザアカイの姿も投影されているようです。

シエナの画家ドゥッチオ・ディ・ヴォニンセーニヤ（一二七八－一三一九）の作品にも有名なものがありますが、それは省略し、イタリアの画家兄弟のひとりピエトロ・ロレンツェッティ（一二八〇－一三四八ころ活躍）の絵を紹介します（**図4－2**）。建物の色がてんでんばらばらです。カラフルと言うべきなのか、落ち着きのない配色と言うべきなのか。わたしなどはこの絵を見ておりますと、先日間違って足を踏み入れてしまい土地に不案内だったためなかなか抜け出せなかった渋谷のラブホテル街を思い起こして赤面してしまいます。ここでも自らの服を道に敷く男や、木に登って板を切ろうとしている男が描かれています。

イエスは神殿の境内で何をしたのでしょうか？

福音書によれば、彼は両替商の台や、鳩などを売る者たちの腰掛けを蹴飛ばして倒し、「わたしの家は、祈りの家と呼ばれるべきである。ところがおまえたちはそれを強盗の巣にしている」（マルコ一一・一七）と言ったそうです。

両替商が商売をするのは、城門近くのはずです。城門から進んで行って、その奥にある神殿の本殿近くではありません。

エルサレムの神殿は一大搾取機構です。世界中に散ったユダヤ人の富の一部をここに集中させます。そのために「巡礼」があるのです。

聖地意識とドッキングさせた献げ物の奉納。この宗教的アイディアを思いついた人は天才です。献げ物は金に替える必要があります。子羊や、子山羊、子牛、農作物や果物の初物ばかりを持ち込まれても困ります。場所を取るからです。腐るからです。金ならその心配はいりません。ですから、神殿の境内の中の両替商の存在は絶対でした。イエスはこうした者たちの存在を否定してみせたのです。そしてそのため大立ち回りを演じてみせたのですが、これは少々安っぽい、子供じみた正義感ではないでしょうか？　神の子であるならば、暴力はいけません。神殿の境内の一隅でデーンと構えておればいいのです。

よくイエスはユダヤ教を否定したと言われますが、ユダヤ教を否定するのでしたら、両替商の机をひっくり返すのではなくて、神殿の祭司たちと議論すればよいのです。しかし、イエスはそれをしておりません。福音書によれば、少年イエスはエルサレムの神殿で祭司たちと議論して、彼らを打ち負かしたそうですが、神童イエスのあの面影がここでは消え失せております。

それはさておくとして、両替商を神殿から追い出す場面を描いたジョットの作品をお見せいたします（図4－3）。ここでのイエスは非常に暴力的です。その証拠に献げ物として持ち込まれた羊や山羊たちも驚いて飛びはねているではありませんか。子供は弟子の膝元に逃れようとしているではありませんか。フランスのバロック時代の画家ヴァランタン・デ・ブローニュ（一五九四―一六三二）が描いたイエスはもっと暴力的です。

図4-3　ジョット、商人たちの追い出し、1304-06年

これが最後のメシだ

最後の食事については、マタイ二六・一七―三〇、マルコ一四・一二―二六、そしてルカ二二・七―二三で触れられております。共観福音書によれば、この最後の食事は過越の食事です。過越の食事とは出エジプト記に見られる故事、すなわちエジプトのファラオがイスラエルの民の出国を許さなかったため、その頑迷さに怒った主がエジプトの家を撃ったが、そのさいイスラエルの民の家だけは「過ぎ越して」撃たれなかったこと

を記念する食事のことです。ですので、それを執り行うイエスとその弟子たちは、非常にユダヤ的と申しますか、非常にユダヤ教的です。

では、この過越の食事はどこでもたれたのでしょうか？

マルコによれば、それは使いに出された二人の弟子が都の中で出会う水がめを運んでいる男の主人の家ですが、マタイでは、その食事を用意するのは「都のあの人」の所とされております。ここでもやはりその人の名は明らかにされておりません。ルカでは、マルコと同じく、食事の世話をしてくれるのは水がめを運んでいる男の主人ですが、そこでは遣わされる二人の弟子の名前が明かされております。ペトロとヨハネです。みなさん方はお気づきになっておられるでしょうか？

この辺りからはじまって、イエスの復活に至るまでの共観福音書の記述は、わたしに言わせればガタガタです。歴史記述に必要な正確さやもっともらしさは消えております。マルコによれば、イエスは自分と一緒に食事をしている一二人のうちの一人が自分を裏切ろうとしていると言い、その者は鉢に食べ物を浸している者だと言い放ちます。マタイでも同じですが、イエスを裏切ろうとしていたユダが口をはさんで、「先生、まさかわたしのことでは」と言うと、イエスは言下に「それはおまえの言ったことだ」と言います。ルカによれば、イエスは「見よ、わたしを裏切る者が、わたしと一緒に手を食卓に置いている」と申しますと、弟子たちは、一体だれがそんなことをしようとしているのかと互いに議論しはじめた、とあります。

イエスの一言で、使徒たちはみな疑心暗鬼にされたわけです。疑心暗鬼の中での食事は、砂をかむようなものだったのではないでしょうか？

最後の食事の絵

さてこの最後の食事の絵となりますと、わたしたちはミラノにある修道院（サンタ・マリア・デッレ・グラーツィエ修道院）の食堂の壁画に描かれているレオナルド・ダ・ヴィンチの作品を思い起こすでしょうが、それは省略しましょう。あまりにも多くの人が語ってきたからです。

最初の絵は口絵に載せてあります。ドゥッチオ・ディ・ヴォニンセーニヤ（一二五五―一三一九）のものです（口絵2）。この絵で興味深いのは、キリストの側のテーブルに着席した弟子たちの頭にはいずれも光輪が描かれていることです。衝撃の言葉を聴いてイエスにもたれかかっている不届きな弟子の頭の上にも光輪が描かれております。しかし、手前の弟子たちには光輪は描かれておりません。

ところで、見てきたようにこの食事は本来、過越の出来事を記念するものです。では、イエスの前に置かれているトレイには何が入っているのでしょうか？　トレイの中のメイン料理は丸焼きにされた当歳の子羊です。一世紀のユダヤ人の物書きヨセフスの『ユダヤ戦記』五・四二五によれば、一頭の当歳の子羊の肉の相伴に与れるのは平均一〇人だそうですから、一頭ではイエスを入れて一三人の胃袋には少しばかり足りないような気がしないでもありません。もっとも弟子たちは、食事の最中にイエスにより疑心暗鬼の状態にさせられて、食は進まなかったかもしれません。だとすると、一頭で十分だったのかもしれません。逆に、子羊一頭で足りないと知ったイエスが食卓の席で言わなくてもいいことを口にして、弟子たちの食欲を削いだのだと推測することも可能です。これはイエス知能犯説へと発展いたします。

ピエトロ・ロレンツェッティの描く最後の食事の場所は六角形のあずま屋です。食卓も六角形です。イエスの光輪には十字架が描かれております。空には星が輝き、三日月も見えます。この絵の中のユダは、もちろん光輪の描かれていない人物です。彼はイエスの目線の先に座っております。この絵で面白いのは、左端の暖炉の前に二人の召使いと二匹の猫が描かれていることです。猫がプレートをなめてきれいにし、それをさらに二人の召使いのうちの一人がきれいに拭き取っております。これは猫と召使いによる労働の分担、ワークシェアリングなのでしょうが、こんな衛生状態では、疫病がはやるわ

図4-4　ハコマルト、最後の食事、1450年

けです。
次にお見せするのはアラゴン王アルフォンソ五世の宮廷画家ハウメ・バコ・ハコマルト（一四一三―六一）が描いたものです（図4―4）。宮廷画家らしく、いかにも重い筆運びです。円卓を囲んで座るイエスとその十二弟子のうち、ただひとりユダだけには光輪が描かれておりません。それればかりか、彼が右手で持っている財布の袋には、ご丁寧にも、Judasと書かれております。もしかしてこの書き込みはハコマルト自身のものでなく、後の書き込みかもしれません。ここでのイエスは聖餐式のときに用いる聖餅を右手にして正面を凝視しております。ここでの過越の食事の儀式が聖餐式にもなっているのです。食卓にはイエスの血を象徴する葡萄酒も置かれております。過越の食事を聖餐式の場面にしてしまうのは、福音書の記事に、たとえば、マタイに、次のように書かれているからです。「一同が食事をしているとき、イエスはパンを取り、賛美の祈りを唱えて、それを裂き、弟子たちに与えながら言った。『取って食べなさい。これはわたしの体である。』また、杯を取り、感謝の祈りを唱え、彼らに渡して言った。『みな、この杯から飲みなさい。これは、罪が赦されるように、多くの人のために流されるわたしの血、契約の血である。』」（二六・二六―二八）
これはもちろん、歴史のイエスの言葉として分類されるものではなくて、イエスの死

図4-5　カスターニョ、最後の食事、1445-50年

後しばらくして、おそらくは何年か経て、イエスをキリストと告白する群れがイエスの死を記念して日曜日ごとに執り行った聖餐式を反映させた福音書記者の言葉として読むのが適切なものです。

スペインの画家ハイメ・ウゲート（一四四八―九二）が描いた最後の食事も背景は聖餐式です。その証拠にイエスの左手のタンブラー（大コップ）には十字架のしるしの入った聖餅が認められます。それに葡萄酒とパンも食卓に用意されております。ここでもキリストの目は正面を凝視しております。

イタリアの画家アンドレア・デル・カスターニョ（一四一九—五七）がフィレンツェの聖アポロニア教会のために描いたフレスコ画は、高さ四メートル五三センチ、横九メートル七五センチという馬鹿でかいものです（図4－5）。大作を依頼された画家はよく壁面を上下にわけて上と下に別々の絵を描きますが、カスターニョもその伝統的な手法を使っております。上半分にはイエスの受難が描かれております。最後の食事を描いた下段の絵は上段のものと比較しますと、非常に暗い色調で描かれていたと想像されたのですが、一九九七年から二年かけて行われた洗浄の結果、下段の絵も明るい色調で描かれていたことが分かりました。下段の絵で注意していただきたいのはユダです。そこでのユダは細長い食卓の中央よりやや左にぽつんとひとり描かれております。ユダをどこに置くかは画家にとっては頭を悩ませるものでしたが、食卓の手前側に彼を置くのが伝統的な構図となります。

同じくイタリアの画家ドメニコ・ギルランダイオ（一四四八—九四）は最後の食事の場面を少なくとも三点描いております。構図の点で、彼は明らかにアンドレア・デル・カスターニョの影響を受けております。右側の壁の窓際にクジャクが描かれております。クジャクは不死の象徴で、石棺などによく浮き彫り細工として彫られております。ロー

図4-6　クレスピ、最後の食事、1624-25年

マのカタコンベの壁画にもクジャクが描かれております。

フィレンツェ派の画家コジモ・ロッセリ（一四三九―一五〇七）の最後の食事は、ヴァチカンのシスティーナ礼拝堂で見ることができます。この絵の中の窓にも絵がはめ込まれております。画中画というやつです。中央の左にはオリーブ山で祈りを捧げているイエスが描かれ、中央にはイエスが捕縛されるところが、そして右には十字架に架けられたイエスが描かれておりますが、中央と右の絵は、ロッセリの助手役をつとめたフィレンツェの画家ピアギオ・ダントニオの手になるものだと言われております。ロッセリは「有能であるが、想像力に欠ける」と評されますが、想像力の欠如した画家の絵も見慣れておくことも大切です。

ヴェネツィアの画家ティントレット（一五一九―九四）の最後の食事は夜です。室内を照らす超自然的な光が画面の左上から射し込んでおります。十二弟子ばかりか、召使いやみ使いたちも大ぜい登場します。非常に賑やかで、それだけに落ち着きがありません。喧噪の中での最後の食事という感じです。

こちらはイタリアの画家ダニエレ・クレスピ（一五九八―一六三〇）のものですが（図4－6）、この絵では食卓の上に子羊の丸焼きと並んで、魚のプレートが置かれております。「救い主、神の子、イエスース・クリストス」を構成するそれぞれの単語のはじ

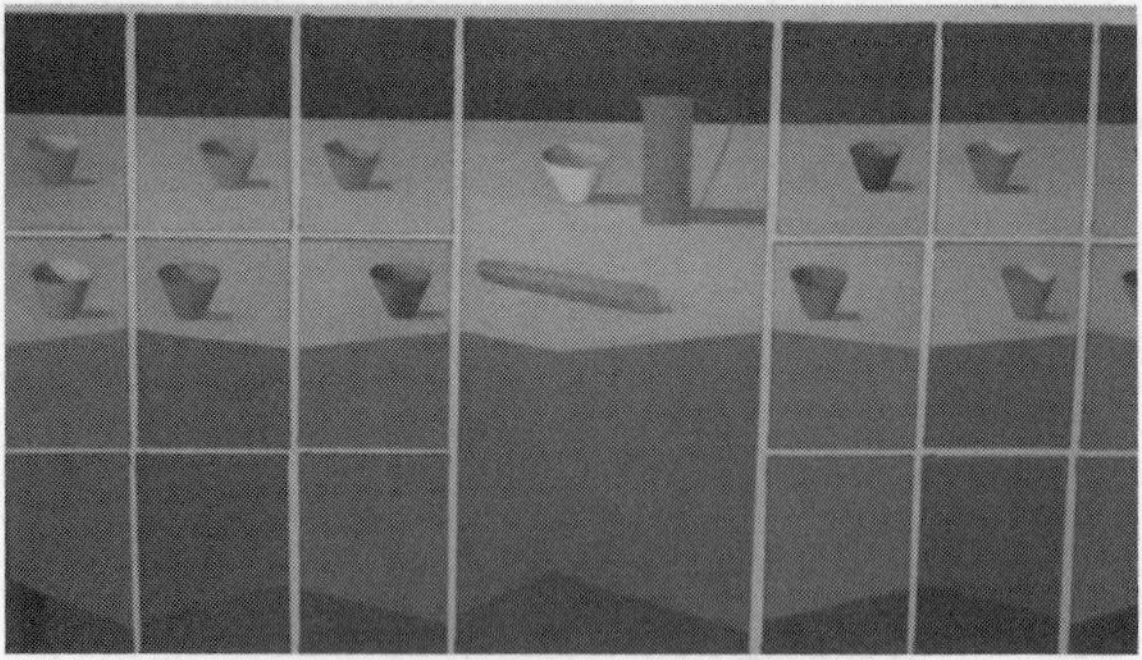

図4-7　チャールス・マカーシィ、すべての者がひとつになるように、1999年

めの文字をひとつに並べると「魚」を意味するイクトゥスとなるところから、魚はキリストを象徴するものとして用いられるようになったのですが、最後の食事はあくまでも過越の食事ですから、本当は子山羊の丸焼きだけで十分です。何でも食卓の皿の上に並べればいいというものではありませんが、すでに見たように、本来ユダヤ教のイベントである過越の食事が後世のキリスト教絵画の中では聖餐式に変化していたのですから、食卓に魚のプレートがあっても驚いてはならないのです。

二〇世紀のものをお見せいたします。

こちらはわたしが毎夏過ごすオックスフォード大学のウルフソン・コレッジの食堂の入り口に掲げられている「すべての者がひとつになるように」と題する油絵です（図4－7）。この絵の中にはもはやキリストも、その弟子も、ユダも描かれてはおりません。わたしがもっとも気に入っている絵です。

ドイツの画家ベン・ウィリケンズが描いた最後の食事は、ウルフソンの食堂の絵をさらに無神論的に徹底したものです。食卓の上には皿も置かれておりません。

次はベッティナ・ランスとセルジュ・プラムリーが一九九七年に制作したものです（図4－8）。この絵の中央にいる白衣のイエスは、二八歳のときに十字架に架けられたと信じてその年齢を強烈に意識して描いたデューラーの自画像を思い起こさせるものです（図4－9）。というよりは、正面を向いた自画像こそはここまで見てきたように神の子の似姿にほかなりませんから、ランスとプラムリーの作品でひとり正面を凝視した――他のだれひとりとして正面を凝視しておりません――白衣の人物は、神の子イエスを表すと同時に、デューラーの自画像をオチョクってもいるのです。こういうオチョクリ宗教画はなかなかいいものです。

呼称「最後の晩餐」について

呼称「最後の晩餐」について、みなさん方にお伺いいたします。日本ではこの呼称はすっかり定着しておりますが、いかがなものでしょうか？　イエスが最後にもったのは

図4-8　ランスとブラムリー、最後の食事、1997年

図4-9　デューラー、自画像、1500年

過越の祭を記念する食事ですから、イエスのユダヤ人性を示すものでしたら「最後の過越の祭の食事」とするのが正しく、他方、イエスのユダヤ人性を無色透明のものにするのでしたら「最後の食事」「これが最後のメシだ」くらいが適切なのではないでしょうか？　わたしはどうもここでの「晩餐」という言葉にひっかかってしまうのです。重々しすぎます。わたしたちの言葉の感覚から申しますと、「晩餐」ですと、イエスには、最初から、十二弟子を「招く」ホストとしての立場や役割が要求されるはずです。そこでの料理も質素なものではなくて、山海の珍味が山盛りされたプレートが食卓の上にいくつか並んでなければ不自然です。どうも日本のキリスト教は重々しい言葉を使用するのが好きなようで、「受胎告知」もそのひとつです。これは「妊娠報告」とか「懐妊報告」とでもすべきだと思われるのですが、どうでしょうか？　このような重々しい言葉を使っているかぎり、日本においてキリスト教が広がるわけがないのです。「姦淫の女」「姦通の女」も、「姦淫」や「姦通」という言葉が現代では死語ですからいけません。「不倫の女」に改めたいものです。わたしはわたしの大学で宗教学を受講している三〇〇人の学生に「姦淫」や「姦通」という言葉を知っているかと尋ねてみたところ、知っているのは一割もおりませんでした。「不倫」という言葉は全員が知っておりました。中には、はやく結婚して不倫をしてみたい、とけしからん私語を交わす女子学生もおり、わたしをあわてさせました。

ゲッセマネの園での祈り

さて、福音書によりますと、最後の晩餐、いや最後の食事が終わると、イエスは弟子たちを連れてオリーブ山——この山はエルサレムの市中にあるキデロン渓谷をはさんで向いに「黄金のドーム」を眺望できる場所です——にあるゲッセマネの園に行き、そこで祈ったそうです。ルカはそのときの弟子たちが誰であるかを明らかにしませんが、マタイ二六・三七はペトロおよびゼベダイの子の二人とし、マルコ一四・三三はそれにヨハネを加えます。

物語によれば、イエスが血の汗を流して必死の思いで祈っていたときに、ペトロたちはこっくりこっくりと舟をこいでいたというのです。このときの居眠りは、イエスと弟子たちの関係が実は濃密なものではなくて希薄なものであったことを示唆するようで、それなりに興味深いものです。それにしてもそこでのイエスの祈りなどは、弟子たちは眠りこけていたのですから、どうやって伝えられたのでしょうか？　そこでの物語がすべてフィクションであると想定することで、この疑念は解決されます。わたしはゲッセマネ以降の記述はすべてフィクションであると申し立てる者です。その理由はいつか語りたいと願っております。

ドイツの画家ハンス・ムルチャー（一四〇〇―六七）はゲッセマネの園での祈りを描いておりますが、そこには三つの場面が見られます。画面の左にはローマ総督ピラトから死刑宣告を受けて追い立てられるイエスが、中央にはゲッセマネの園で祈るイエスと居眠りをする弟子たちが、そして右上にはカルバリで十字架に架けられようとしているイエスが描かれております。そこでのイエスは白い服を着用しております。

エル・グレコ（一五四一―一六一四）とその工房は、ゲッセマネの園を主題にした作品を多数産みだしております。そのひとつでは、弟子たちがブランケットをかけて、寝入っております。爆睡です。イエスは不甲斐ない弟子たちを見限ったのでしょうか、み使いと話をしております。どんな内容の会話をしているのでしょうか？　もうすぐ天に昇って行くことを告げているのでしょうか？　こういうときのイエスは何語を使うのでしょうか？　ヘブライ語なのでしょうか？　アラム語なのでしょうか？　それともギリシア語なのでしょうか？　それとも天使語なのでしょうか？　知りたいものです。

ユダのブチュッ

さて、物語によれば、イエス殺害計画は着々と進行し、祭司長や長老たちが彼を捕ら

図4-10　ジョット、ユダの接吻、1304-06年

図4-11　ドゥッチオ、ユダの接吻、1308-11年

える機会をねらっていたとあります。彼らは当然イエスが誰であるのかを事前に知っていなければおかしいのですが、イエスを裏切ろうとしていたイスカリオテのユダは、「わたしがブチュッをするのが、その人だ。それを捕まえろ。逃してはならない。連行するのだ」と言うのです。そしてそのとおりにことが運んだようですが、福音書に見られるこの捕捉劇の記述は不自然きわまりないものです。イエスは周知の人間でなければおかしいのです。

それはともかく、こちらはジョットの描く「キリストの生涯」の中の一場面です（図4-10）。左端には大祭司の手下かローマ兵と思われる人物に打ちかかって耳を切り落とそうとしている男が描かれております。この人物の名は福音書のどこにも書き記されておりませんが、その激情的な性格から判断されたのか、ペトロとされております。そのような同定は、もしペトロでなければ、彼にとってはいい迷惑かもしれません。

次はドゥッチオのものです（図4-11）。この絵では、ユダがイエスに接吻して、長槍や松明を手にするローマ兵が彼を取り囲みますと、右側にいたイエスの弟子たちはみな身を引いてしまいます。情けない弟子たちです。左端にナイフを振りかざす危険人物が見られます。こんな男が小学校の校庭にでも闖入してきたら大変です。

ところで、ここでしばらく脱線してみたいのですが、共観福音書においてはイスカリ

図4-12　ドゥッチオ、ピラトの前のイエス、1308-11年

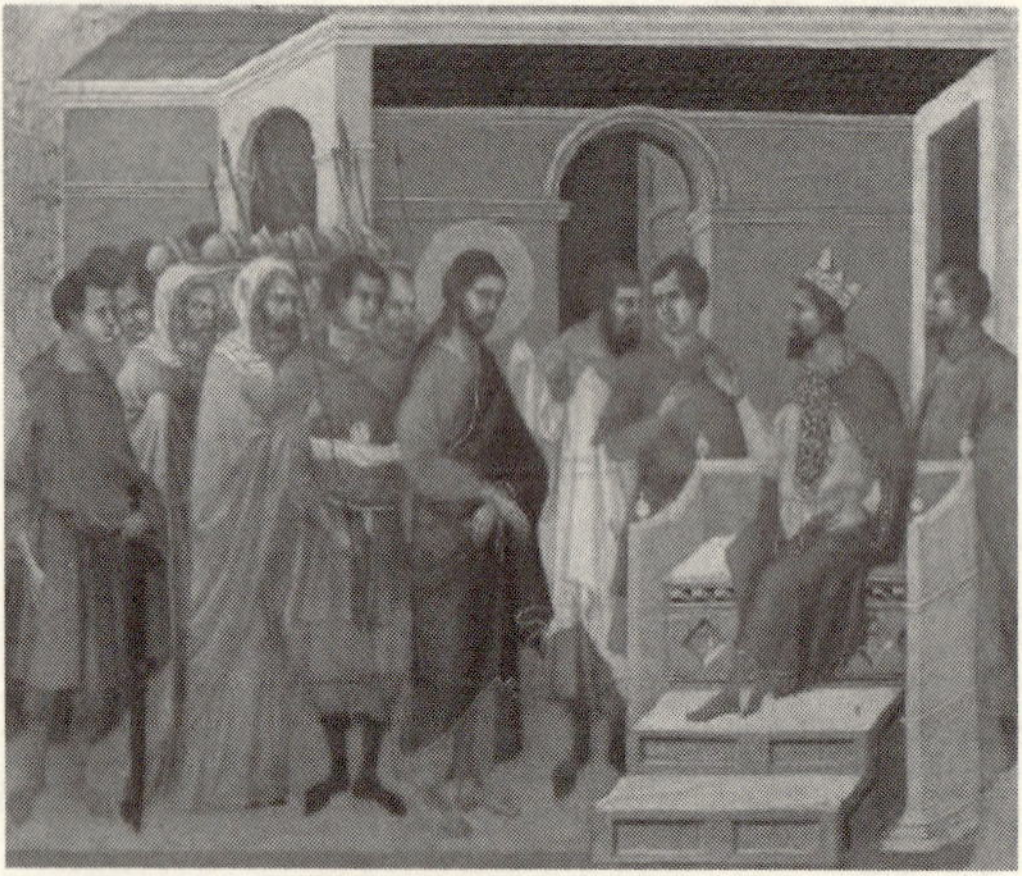

図4-13　ドゥッチオ、ヘロデの前のイエス、1308-11年

オテのユダは裏切り者として描かれておりますが、彼はイエスを本当に裏切ったのでしょうか？

正直に申し上げますと、その辺りのことはよく分からない、と答えるのが正解かと思います。これまで繰り返して見てきたように、福音書は非常に傾向的な文書です。傾向的というのは、わたしたち研究者が使用する言葉ですが、言い方をかえれば、福音書は「かたより」のある文書だということです。にもかかわらず、西欧のキリスト教徒たちは、そのような傾向的な文書である福音書の記述を単純に鵜呑みにして、ユダを裏切り者扱いにし、それればかりか、この「ユダ」のイメージに「ユダヤ人」や「ユダヤ民族」のイメージを重ね、反ユダヤ主義を醸成させてきたのです。これは忘れてはならない事実です。本当の裏切り者はペトロあたりではないかと、わたしは想像しております。

元に戻ります。

ここでドゥッチオの描いたものをさらに三点お見せいたします。最初は律法学者らによって告発されローマ総督ピラトの前にひきだされたイエスを描いたものです（図4－12）。右端で月桂冠をかぶって椅子に座っているのがピラトです。左側にはイエスに敵対する者たちが描かれておりますが、彼らはピラトの総督邸に足を踏み入れようとはしておりません。ローマから派遣されたピラトは、非ユダヤ教徒つまり異教徒ですので、ユダヤ教の規範からすれば、彼は「汚れた可能性のある」存在なのです。そうした規範にとりわけうるさいのが律法学者たちであり、彼らは、そのピラトの官邸での汚れを回避しようとしているのです。このことから、ここでのユダヤ人たちの群れが汚れにうるさい律法学者たちであることが分かります。

ルカによれば、ピラトの尋問を受けたイエスは、そのときエルサレムに来ていたユダヤの王ヘロデのもとへ送られます。これがその場面です（図4－13）。ここではイエスを告発する者たちはヘロデが滞在する館の中にまで入り込んでおります。それが出来たのは、ヘロデはユダヤの王ですから、汚れのことは心配しなくてもよかったからです。イエスは再度ピラトのもとへ送り返されます。律法学者たちは彼の処刑を要求します。彼らに煽られた群衆もイエスの処刑をもとめます。マタイによれば、ピラトは水をもってこさせると、群衆の前で手を洗い、「この人の血について、わたしには責任がない。おまえたちの問題だ」（マタイ二七・二四）と言ったところ、民はこぞって「その血の責任は、われわれと子孫にある」（マタイ二七・二五）と答えたそうです。そこで、ピラトはイエスを十字架に架けるために引き渡したそうです。

ところで、みなさん方はお気づきになっておられるでしょうか？

このマタイ福音書に見られるピラトと群衆との間のやり取りの言葉は後のキリスト教

的反ユダヤ主義に利用されました。福音書記者はローマ総督ピラトに「この人の血について、わたしには責任がない。おまえたちの問題だ」と言わせます。そう言わせることでピラトが代表するローマの公的権力がイエスの死に関与していないことを明らかにしました。

ではなぜ、そう言わせたのでしょうか？

もしローマ帝国がイエスの死に関わっているとでも言ったら、新興宗教であるキリスト教はローマ帝国での伝道など出来なくなってしまうからです。キリスト教の首根っこはたちまちにして押さえられてしまいます。福音書記者は、「民はこぞって『その血の責任はわれわれと子孫にある』と答えた」（マタイ二七・二五）と書くことで、イエスを十字架に架けた責任の所在を明らかにします。本来、福音書記者マタイは非常にユダヤ的と言われておりますから、彼が本当にこんな言葉をユダヤの民の口に託したのかと疑問に思いますが、後の時代の反ユダヤ主義者たちは、ここでのマタイの言葉に飛びつきました。繰り返しますが、そこに、「その血の責任はわれわれと子孫にある」とあるからで、しかもそこで使われている言葉「民はこぞって答えた」こそは、あたかもそこに居合わせたすべての民がその責任を認めたかのような印象をつくりだすからです。

イエスの死にたいするユダヤ民族責任論をぶち上げるときに、ここでの言葉ほど有効なものはありません。

その後のユダヤ民族の歴史を考えれば、マタイはここで万死に値する状況と言葉をつくり上げてしまったと告発しても、それは不当なものではありません。もうひとつ指摘しておきたい事柄があります。それは、ピラトはローマ人であるはずなのに、その口に託された言葉は非常にユダヤ教的で、その意味で、不自然だということです。「この血に責任はない」という表現が出てくる旧約聖書の外典の物語「スザンナ物語」をひとつの例として引いてみましょう。スザンナという若い女性は水浴びをしている所を二人のユダヤ人長老に覗き見されるのですが、それればかりでなく、このスケベ長老たちによって、姦淫の罪で告発され処刑のために引き出されるのです。そのとき、神が聖なる霊で呼び起こしたダニエルという若者が「わたしはこの女性の血に責任はない」と叫んで、長老たちを告発します。つまり、死刑判決に同調できない、彼女は無罪である、と主張したわけです。この例からも分かるように、「この血の責任はない」というのは、非常にユダヤ的な表現なのです。それが何故かローマ人のピラトの口に置かれているのです。ここではその不自然さを指摘するにとどめておきます。

さらに大きな不自然さを指摘しておきましょう。ここでのピラトや律法学者たちの間での言葉のやりとりですが、それらはどのようにして福音書記者に伝わったのでしょうか？　まあ、わたしなどはここでの記述はフィクションと見なしております。わたしはみなさん方にそうした仕方で読まれることを強制はいたしませんが、フィクションの可能性があるとして読み直される勇気をお持ちでしたら、いろいろな面白い発見があろうかと思います。これまで見えてこなかったものが見えてくるはずです。発見にまさる喜びはこの世にないはずです。

ここで、ローマ総督ピラト（在位二六―三六）に言及している同時代の文書資料が二つあることをお教えいたします。ひとつはヨセフスが著した『ユダヤ戦記』で、もうひとつはアレクサンドリアの哲学者のフィロンが書き残した『ガイウスへの使節』（拙訳、京都大学学術出版会）です。どうかこの二つの書の言及箇所を批判的に検討されることをお勧めいたします。福音書のそれとは異なるピラト像を構築できるかもしれません。

茨の冠と十字架への道

総督邸の兵士たちはイエスの着ている物をはぎ取り、赤い外套を着せ――、ヨハネ一九・五では赤い外套ではなくて紫の服です――、茨の冠を頭に載せ――いかにも痛そうです。ローマ教皇にも三重冠ではなくて、茨の冠でもかぶってもらいたいものです――、右手に葦の棒を持たせると、その前にひざまずき、「ユダヤ人の王、万歳」と言って、侮辱しますが、先ほどその名前を挙げたフィロンの著作に精通していれば、すぐにある光景を思い浮かべるはずです。それはユダヤの王ヘロデ・アグリッパ一世（在位四一―四四年）がローマのガイウス帝の即位により獄中から釈放され、ユダヤの王となるためローマから帰国する途次にアレクサンドリアに立ち寄ったときのことです。その地の反ユダヤ主義者たちがユダヤ人たちへの日頃の鬱憤を晴らそうとして、カラバスと呼ばれる頭のおかしな男を囃し立ててギュムナシウムの中に追い込み――ギュムナシウムはギリシア人子弟をきたえるための練成場です――、誰でもが見えるようにと彼を高い所に立たせると、「その頭にビュブロスでつくった冠を王冠の代わりに置き、身体の他の部分を、クラミュスの代わりにカマイストロートスで包み、他方道端に捨てられていた土地に自生する一本のパピルスに気づいた者が、短い王笏の代わりにそれを与えた」のです。彼らはカバラスをアグリッパ王に見立てたわけで、事実フィロンの報告のこの先を読んで行きますと、男の周囲の一部の者たちは彼に近づくと、敬礼する振りをしたり、裁定を下す振りをしたり、さらにまた国家の諸問題について相談する振りをしたそうですが、群衆の中には、彼を「マリン」と呼びかける者もいたそうです。マリンはアラム語で「ご主人さま」の意です。一方が総督の兵士たち、他方がアレクサンドリアの反ユダヤ主義者たちの違いはあるにしても、この二つの光景は重ね合わせることができるような気がいたします。どうかフィロンの『フラックスへの反論』（拙訳、京都大学学術出版会）をも合わせてお読みください。

ピラトは法廷前に集まった群衆にたいしてイエスを見せ「見よ、この男だ」と言います。ラテン語でエッケ・ホモです。間違っても、「見よ、このホモを」とは言わないでください。イエスはマグダラのマリアというステキな女性と懇ろな関係を結んでいたと思われるのですから。

ネーデルランドの画家ヒエロニムス・ボッス（一四五〇―一五一六）や、イタリアの建築家でもあった画家チゴーリ（一五五九―一六一三）、カラヴァッジオ（一五七一―一六一〇）らが、両手を縛られ絶望的な表情を浮かべるイエスを描いて、「エッケ・ホモ」としております。カラヴァッジオの絵では（図4－14）、画面の右端に黒い服をまとい、ベレー帽をかぶり、三人の登場人物の中で唯一この絵を見る者にその視線を向けている人物が認められますが、それはカラヴァッジオの自画像です。

裏切り者ユダのところで触れておくべきだったかもしれませんが、ダブリンのアイルランド国立美術館に足を運びますと、「キリストの捕縛」と題する彼の作品を見ることができます。キリストに接吻しているのがもちろんユダですが、このユダが実はカラヴァッジオなのです。ご承知のように、画家たちはしばしば絵の中に自画像を入れたり、

図4-14　カラヴァッジオ、この人を見よ、1608年頃

また場合によってはちゃっかりと愛人や妻たちの姿や顔などを描いて彼女たちのご機嫌をしっかりと取り結んでおりますが、面白いのはカラヴァッジオの場合です。彼は進んで悪党たちの姿に自分を託しているのです。彼の激発する性格の一端を垣間見るような気にさせられます。

さて、イエスが十字架に架けられる場面となります。フィレンツェの画家アニョーロ・ガッディ（一三三三―九六）は、人びとが集まって十字架をつくる場面を描いております（図4―15）。かんなやとんかち、それにやっとこなどが見られます。東急ハンズなどでは売られていない木工道具なども見られます。その意味では楽しい絵です。脱線いたしますが、歴史的なことを申せば、イエスが処刑されたのが事実であったとしても、彼が架けられた十字架が本当に二本の木材を組み合わせてつくられた十字架であったとは思われません。たとえば三〇〇人の政治犯を処刑する場合を想像してみましょう。木材を十字に組み合わせるとなると、少なくとも三〇〇×二＝六〇〇本の木が必要になりますが、エルサレムは砂漠ないし荒れ野の中の町ですから、本来ならば、草木一本も生えていない所なのです。ですから木一本でも育て上げるのに大変な苦労をしなければなりませんが、人間の体重を支えることのできる十分に生育した木を六〇〇本使用することなどは常識的に考えられないことなのです。わたしはパレスチナにおける十

図4-15　アニョーロ・ガッディ、十字架の準備、1300年

字架刑のほとんどの場合はただの棒杭が使用されたと想像します。

カルバリへ向かうイエスは、ドゥッチオやアンドレア・ダ・フィレンツェ（一三三七－七七）、アンドレーア・ディ・バルトロ（一三八九－一四二八）らによって描かれております。いずれの絵においても、イエスは振り返ってその視線を二人の女性、母のマリアとマグダラのマリアに向けております。

それにしても、カルバリへ向かうイエスに付き従うのは主として女たちの応援団ですが、男たちの姿がほとんど見られないのは不思議です。不思議というよりも異常です。イエスの母のマリアはそこにおりました。しかし、父のヨセフの姿は見えません。イエスは聖霊によって生まれたのであり、おれが種を蒔いたのではないから、その最後はどうでもいいとふて腐れていたのでしょうか？　それとも大工仕事が忙しかったのでしょうか？　その辺りの真実を知りたいものです。

これはイエスが十字架に架けられる場面を描いた、ファン・デ・フランデス（？—一五一九）の作品です（図4-16）。先ほど申し上げたように、当時のパレスチナの樹木の生育状況から判断しますと、こんな立派な十字架をつくれるほど大きな樹木はありません。

次はドゥッチオが制作したものです（図4-17）。こちらの十字架棒は細いものです。イエスの右胸からは血がほとばしり出ているのが認められます。画面では二つのグループが描かれております。左のグループには秩序があります。黒い服を着た女性がイエスを直視しておりますが、この人物は腹を痛めてイエスを産んだマリアです。今にも失神しそうなマリアの手を取っているのは福音書記者のヨハネです。画面右のグループは秩序立ってはおらず、人びとはイエスを罵っております。当然のことながら、ユダヤ人たちです。イエスの十字架の上には、空中浮遊している一二人のみ使いが描かれております。どのみ使いも悲しみの仕草をしております。

アンドレア・ダ・フィレンツェの作品では、イエスの足下に跪くドミニコ派の修道士の姿を認めることができます。十字架の右と左で浮遊するみ使いは悲しそうな仕草をし

図4-16　ファン・デ・フランデス、十字架に架けられるイエス、1500年頃

図4-17　ドゥッチオ、十字架に架けられるイエス、1308年

ております。み使いにこのような感情表現をさせたのはこの絵がはじめてである、とする解説をどこかで読んだ記憶がありますが、前の絵の方が先ではないかと思われます。

こちらの十字架の上にはINRIと書かれた小さな板きれがイエスの頭の上に認められます。これはIESUS NAZARENUS REX IUDAEORUMすなわち、「ユダヤの王、ナザレのイエス」とラテン語で書かれた四つの言葉の、それぞれの頭文字をつなぎ合わせたものです。十字架の上に板きれが打ちつけてあれば、必ずそこに見られるものです。

イタリアの画家アンドレア・デル・カスターニョが描くイエスの架けられた十字架の下には「されこうべ」、すなわち骸骨が認められます。その理由はお分かりのことかと思います。十字架が立てられた場所がゴルゴダで、それが「されこうべのある場所」を意味するからです。

イタリアの画家ポルデノーネ（一四八三—一五三九）も十字架の場面を描いておりますが、賑やかすぎて見ていて疲れます。ここでは紹介いたしません。イタリアの画家ガウデンツィオ・フェラーリ（一四七一—一五四六）も同じです（図4-18）。

お見せする最後となるものは、みなさん方がどこかで間違いなくご覧になり、忘れがたい一枚となった、あるいは強烈な拒否反応をお示しになったと想像される「十字架の聖ヨハネのキリスト」と題する絵です。サルヴァドール・ダリ（一九〇四—八九）が描

図4-18　ガウデンツィオ・フェラーリ、磔のキリスト、1513年

いたものです（図4-19）。これはグラスゴー美術館が一九五一年に購入したものですが、そのときの購入額はわずかなものだったそうです。現在の貨幣価値でも二〇〇万円に満たない額ですが、美術館がその購入を発表しますと納税者から税金の無駄使いだとクレームが殺到したそうです。ところが、いざ展示してみると、最初の二か月で、さまざまな階層の人が、それをひと目見ようと押しかけたそうです。そのときの五万人の観客の反応は、『キリストのイメージ』と題する本から知ることができます。それによりますと、観客は、「この絵が架けられている部屋に入ると、自然に帽子を取り、またぺちゃくちゃとおしゃべりをしていた大ぜいの者や、やたらと興奮していた学校の子供たちも、この絵をひと目見るなり沈黙に追いやられた」そうです。見る者たちを驚愕させ、押し黙らせたのは、わたしたちがこれまで見てきて、わたしたちのイメージの中に刷り込まれているキリストの十字架像ではなかったからです。この十字架に架けられているのは本当にキリストなのでしょうか？　キリストである保証はどこにもありません。あなたかもしれないのです。この十字架は、これまでお見せしてきたものとは異なり、ゴルゴダの地の上に固定されたものではありません。それは宙空に浮いているにもかかわらず暗黒の世界に固定されているかのように、微動だにしておりません。その暗黒の世界はあなたの世界かもしれません。十字架の交差部分の上には、四つ折りにされていた

図4-19　サルヴァドール・ダリ、十字架のキリスト、1952年

と思われる紙が一枚貼り付けられております。これを拡大してみても、そこには何も書かれてはおりません。しかし、ここにはあなたの罪状が書き込まれるのかもしれません。この絵の下には、キリストの母マリアやマグダラのマリアなど、「関係者一同」は描かれておりません。下に描かれているのは作者のダリが住んでいた東スペインのポル・リガットと呼ばれる港です。ガリラヤ湖ではありません。あなたが住んでいる土地であっても構わないのです。船の横に立っているのはキリストの弟子ではなくて、一七世紀の画家ルイ・ル・ナンだそうです。ということは、十字架に架けられたあなたと見上げる者があなたの友人であっても構わないのです。

この絵が見る者をぬかずかせてしまったのは、見る者の目を自分自身と十字架そのものに向けさせたからではないでしょうか？　福音書の記事が提供するさまざまな夾雑物を完全に取り除いてキリストの最期を描けば、こうなるということであり、この単純明快さがこの絵を見る者の想像力や宗教心をかき立てたのです。

第5章　復活したイエス

本章の主題は「復活したイエス」です。

歴史のイエスが死から復活するはずがありません。あるなどと言えば、わたしは歴史家としての資質を疑われてしまいます。しかし、西欧キリスト教世界の歴史の中では「復活したイエス」が善男善女の信仰の中で生きつづけてきたのであり、これがキリスト教信仰の核心部分のひとつをなしてきたのです。西欧ばかりでなく、ギャラップ調査やその他の調査によれば、現代のアメリカのキリスト教徒の大半は、復活信仰をもっているそうです。復活信仰は、「イエスが復活したから、復活のイエスを信じるわたしたちも復活に与れる」という論理によって支えられているのですが、考えてみれば、その論理は、自分たち自身をイエスと同じレベルに置いてしまう随分と身勝手な厚かましいものです。

十字架降下

最初に十字架降下の絵を少しばかりお見せいたします。

これはドゥッチオ・ディ・ヴォニンセーニヤ（一二七八—一三一九ころ活躍）の作品です（図5-1）。画面には一〇人の男女が描かれておりますが、誰が誰であるかお分かりになるでしょうか？ 十字架から降ろされるイエスに手を差し伸べ顔を寄せている女性はマグダラのマリアです。わたしは彼女がイエスの愛人であったと確信的に想像いたしますが、ドゥッチオもそう想像しているように見えます。彼女の後ろに立っていて悲しみの表情をしているのがイエスの母マリアです。梯子の上にいて、頭に光輪が描かれている人物はアリマタヤのヨセフで、十字架の右側にいてイエスを下から支えているのがヨハネです。

フラ・アンジェリコ（一三八七—一四五五）の作品に見られる梯子は、日曜大工センター辺りから買ってきたような真新しい杉材でできております。イエスのつま先に口づけしているのはマグダラのマリアですが、ここに見られるつま先への口づけ行為はイエスと彼女は特別な関係にあったと画家が理解していることを示しております。つま先に口づけする行為はフツーのものではありません。マグダラのマリアの頭にはしばしば光

図5-1　ドゥッチオ、十字架降下、1308-11年

輪が描かれますが、ここでもそうです。彼女は特別扱いされております。

フランチェスコ・バッキアカ（一四九四—一五五七）の絵は、全体が墨絵的な暗さで覆われております（図5-2）。その理由はお分かりのことと思います。イエスが十字架に架けられたとき、全地は暗くなり、それが三時までつづいたと、福音書にあるからです。二人の罪人はすでに十字架から降ろされていて、ひとりは担がれて埋葬のために運ばれようとしています。この二人の罪人を降ろしたときに使われた梯子がイエスを降ろすのに使用されております。慎重にその遺体を降ろそうとしていることは、イエスの体に紐がかけられていることや、ひとりの男がイエスの左手をもち、その下のひとりの男がイエスの足に手をかけていることからも分かります。左隅に描かれたイエスの母は気を失っておりますが、彼女を背後から支えている二人の女性は誰なのでしょうか？もちろん、ひとりはマグダラのマリアに見えますが、彼女は左側の梯子の所に立っております。福音書によれば、サロメが十字架降下の場所にいたとありますから、彼女かもしれません。それにしてもこの絵ではなぜ二人の罪人が、イエスより先に十字架から降ろされたのでしょうか？　知りたいものです。

ロヒール・ファン・デル・ウェイデン（一四〇〇—六四）や、コレッジオ（一四九〇—一五三四）、ヤン・ホッサールト（一四七八—一五三三）らが十字架降下を描いておりま

図5-2　バッキアカ、十字架降下、1518年頃

す。十字架の下にはしばしば骸骨が描かれます。その場所がゴルゴダだからです。

フランドルの画家ホッサールトの絵（図5－3）では、火事場の泥棒よろしく、イエスがかぶっていた茨の冠をそこから持ち出そうとしている男が右下に描かれております。この絵は、中世キリスト教世界において、聖遺物商がビジネスとして成り立っていたことを背景にして見るとなかなか面白いものとなります。彼らは聖堂や修道院などを商売相手としイエスが身に着けていたものの注文取りをしては、後日「これがそうだ」と言っては高く売りつけていたのです。茨の冠も、ばらばらにしたと称するもの一本一本に、その来歴をもっともらしく小声で説明して高く売りつけていたのです。キリスト教世界というのは「信じる者は救われる」の世界ですから、この手のビジネスが横行するわけです。イエスが身につけていた「最後のフンドシ」とか、マリアの下ばきなどは、買い手にその方面の趣味がなくても、高く売れたのではないでしょうか？

キリスト哀悼

十字架から降ろした後の絵です。

ネーデルランドの画家ペトルス・クリストゥス（一四一〇ころ－一四七三）の絵では、アリマタヤ出身の金持ちヨセフらが、イエスが横たわっている白いシーツ——福音書に

図5-3　ホッサールト、十字架降下、1520年頃

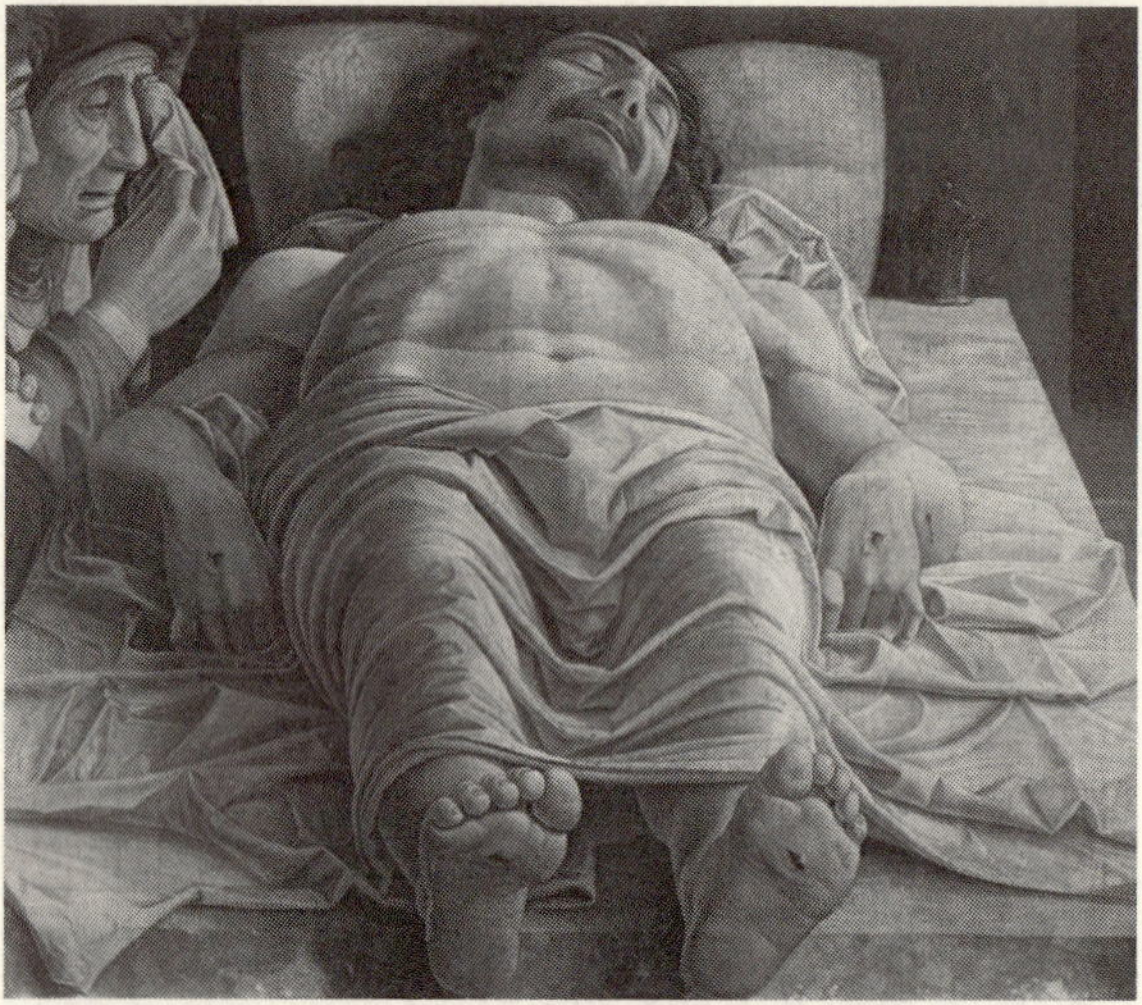

図5-4　アンドレア・マンテーニャ、死せるキリスト、1490年

よれば亜麻布です――の下の方を持ち上げようとしております。

イタリアの画家アンドレア・マンテーニャ（一四三一―一五〇六）の描いたテンペラ画です（図5-4）。「死せるキリスト」と題したこの絵は、ブレラ美術館で見ることができます。遠近法を用いた大胆な構図でたいへん有名な作品であり、みなさん方にはお馴染みかもしれません。ここでのイエスは、石棺の蓋の上に置かれております。手と足に見られる釘跡は生々しいものですが、ここで描かれているイエスがかなりの巨人だからでしょうか、その傷跡はそれほど痛々しいものには見えません。三〇年前にこの絵を最初に見たとき、わたしは、これは旧約聖書のサムエル記に出てくる巨人ゴリアテではないかと想像しました。しかし、ゴリアテであれば、首はダビデによりちょん切られているはずです。左に描かれている女性は悲しみのためハンカチで目頭を押さえております。これはイエスの母マリアです。

次はサンドロ・ボッティチェリ（一四四四—一五一〇）の描いたものです（図5-5）。ここでの登場人物は十字架の形状に配置されているという指摘があります。腕を広げた母マリアを十字の要として、アリマタヤのヨセフは茨の冠を左手にして天を凝視しております。イエスの足にすがりついているのはマグダラのマリアですが、この描き方はもう、画家が二人の間には特別な関係があったと理解していたとしか言いようがないでしょう。イエスの着用しているブリーフがステキな柄ものであることにも注目したいものです。

次はアルブレヒト・デューラー（一四七一—一五二八）が描いたものです（図5-6）。画面の下に小さく描かれている五人の人物は別にしますと、ここでは九人の人物が大きな画面を占拠している感じです。背景に描かれているのは都エルサレムで、その背後には山々が置かれております。都エルサレムの右手には湖が見えます。ガリラヤ湖なのでしょうか？　山々の上には黒雲が描かれていて、風雲急を告げているかのようですが、

図5-5　ボッティチェリ、死せるキリスト、1495年頃

図5-6　デューラー、死せるキリスト、1500-03年

それはもちろん、先程述べたように、福音書に、全地を襲った暗闇が三時までつづいたとあるからです。十字架の下の赤い外衣をまとった女性は香油壺か何かをもっております。その左の男も壺か何かを手にしております。

次は日本人の小山田二郎（一九一四―九一）が描いたものです（図5―7）。ある解説書によれば、この画家は瀧口修造によってその才能が見出されたそうです。「アダムとイブ」と題する作品もあるそうです。そのためでしょうか、この人はキリスト教徒かと思われるようですが、さにあらず、聖書的な主題で現代に挑戦したとされますが、わたしにはご自身の内面に向き合ったような作品に見えます。

図5-7　小山田二郎、ピエタ、1955年

埋葬

十字架から降ろされたイエスは、墓に葬られます。

マタイの第二七章によれば、その墓はアリマタヤのヨセフが「岩に掘った自分の新しい墓」だったそうです。十字架に架けられた者の死体を降ろして、そう簡単に埋葬できるものなのかと、疑問が残りますが、いずれにしても随分と手回しがよいので驚かされます。マルコの第一五章は、墓の所有者を特定しておりません。イエスが葬られると、マルコによれば、マグダラのマリアとヨセフの母マリアがその墓を見つめていたそうですが、マタイではその見つめていた人物を「マグダラのマリアともうひとりのマリア」としております。ルカの第二四章では、イエスと一緒にガリラヤから来た女たちが、イエスの遺体が墓に葬られたことを確認した上で帰宅したとあります。

次はフラ・アンジェリコ（一四〇〇―五五）が描いた埋葬場面です（図5-8）。これは現在ミュンヘンにありますが、本来はフィレンツェのサン・マルコ修道院教会の祭壇画の一部、すなわちプレデラ（すそ絵）として描かれたものです。イエスの体を後ろから支えているのがアリマタヤのヨセフですが、彼の頭の背後には光輪が描かれております。後ろの墓の開口部は、大型テレビのスクリーンのような印象を与えますが、高さ三八センチ、横四六センチと小さなものです。

ディーリック・バウツ（?―一四七五）や、ミケランジェロ（一四七五―一五六四）、カラヴァッジオ（一五七一―一六一〇）らが埋葬場面を描いております。ある批評家は、

図5-8　フラ・アンジェリコ、イエスの埋葬、1438-40年

カラヴァッジオの描く埋葬場面（口絵3）を見て、これこそは彼の全作品の中で「多分、もっとも記念碑的なものである」と評しておりますが、みなさん方はどう思われるでしょうか？　カラヴァッジオ好きのわたしには、彼のすべての作品が記念碑的なものです。イエスの足を支えている人物の顔は、カラヴァッジオです。

次は墓の中で身を横たえたイエスを描いたもので、ドイツの画家ハンス・ホルバイン（一四九七―一五四三）作のものです（図5-9）。一度見たら忘れ得ぬ絵となります。スイスのバーゼル美術館で展示されております。石棺の中の遺体の腐敗の進行具合を想像する人などはいないと思われるのですが、ホルバインはそれを想像してみせたのです。しかもその想像を絵にしてみせたのです。イエスの顔、手先、足先はすでに黒ずんでおります。明らかに死後三日目のものです。復活直前のものです。何かの手違いで復活が遅れて四日目になれば腐敗は一気に進行し、大量にウジが湧き出します。

ヘレニズム・ローマ時代のユダヤ人の埋葬の多くは木棺によるものでした。その木棺を土中あるいは砂の中に埋めておけば、わりと短期間で朽ち、したがってその中の遺体も朽ち果てると言われております。創世記に見られる思想、すなわち「土くれから生まれたものは土くれに帰る」が実現されるわけですが、イエスの遺体の引受人のアリマタヤのヨセフは、イエスが三日目には甦ると盛んに言っていたことを知っていたからなのでしょうか、それとも金持ちだったからでしょうか、木棺ではなくて、石棺を提供したのです。石棺は洞穴の中に置かれれば、その内部は外の世界よりも冷えたものになっておりますから、イエスの遺体の腐敗の進行を少しばかりであっても遅らせることができます。イエスの遺体が洞穴の中の石棺ではなくて、洞穴の外で野晒しにされた木棺であったら、想像するだに恐ろしい事態になります。彼の眼窩などは飛び出たものとなっていたはずで、その死臭たるや耐え難いものになっていたはずです。まあ、こういう事態が予想されるからでしょう、旧約聖書のレビ記では、木に吊された死体は日没までに埋

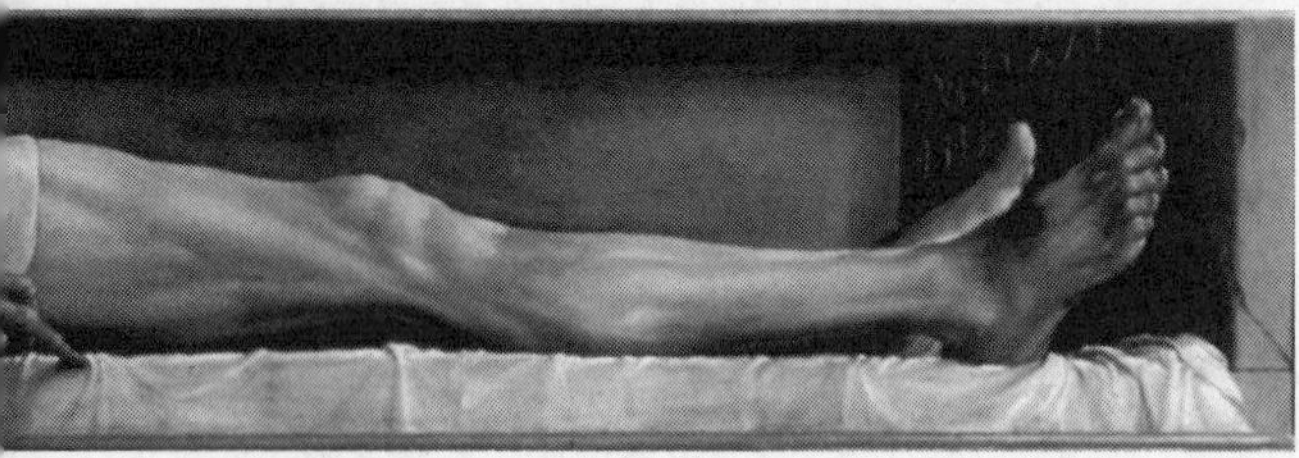

葬しなければいけないとしているのです。

それでは本章の主題であるイエスの復活の場面を取り上げます。

復　活

マタイ福音書の第二七章によれば、生前のイエスが自分は死後三日目には甦ると言っていたため、その墓は封印され、それを見張る番兵たちが置かれました。番兵たちは総督ピラトの提供だったでしょう。マタイの記述は少しばかり判然としません。そして第二八章によれば、安息日が終わって、すなわち三日目になって「マグダラのマリアともうひとりのマリア」が様子を窺いに墓まで行くと、大きな地震が起こり、天から降りてきた主の天使（み使い）が石を転がしてその上に座ると、二人に向かって、「あの方は死者の中から復活された。そして、あなたがたより先にガリラヤに行かれる。そこでお目にかかれる」と告げたと言うのです。マタイによれ

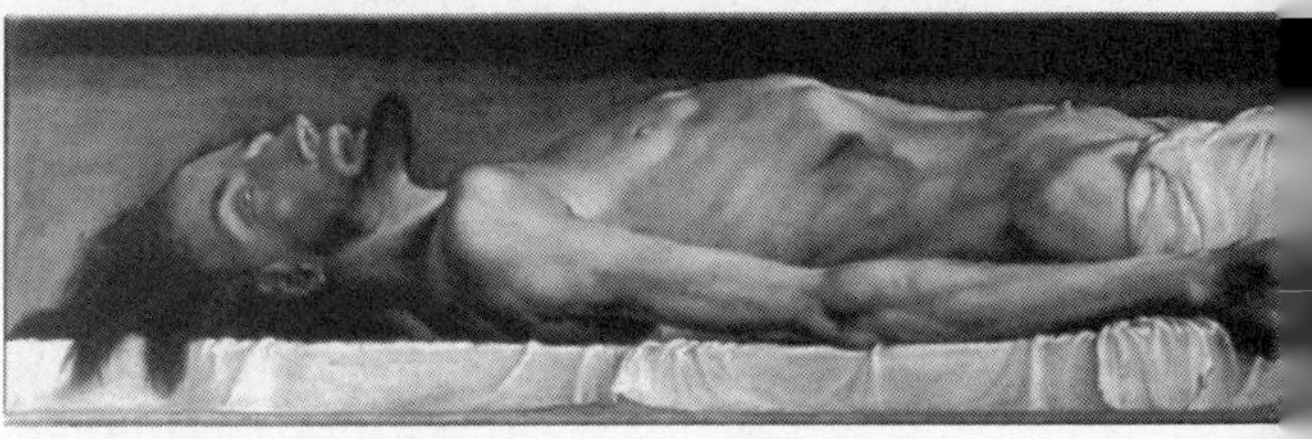

図5-9　ホルバイン、墓の中の死せるキリスト、1521年

ば、墓を訪れたマリアともうひとりのマリアも、また墓の見張りをしていた番兵たちも、恐ろしさからがたがたと震えてはいたものの、イエスが復活するその歴史的瞬間を見ておりません。歴史の証人にはなり得ていないのです。ただ、主の天使から「復活した」と告げられるだけなのです。マルコの第一六章によれば、墓を訪れたのは、マグダラのマリア、ヤコブの母マリア、そしてサロメです。したがってここでマタイの「もうひとりのマリア」はヤコブの母マリアだったのだなと、わたしたちは想像するわけですが、それはともかく、ここでもイエスの復活の瞬間を目にした者はおりません。ルカの第二四章によれば、墓を訪れたのはマグダラのマリア、ヨハナ、ヤコブの母マリア、そしてイエスと一緒にいたガリラヤからやって来た女軍団、ないしは女性のサポーターたちです。随分と大ぜいの者がイエスの墓を訪れたものだと驚かされますが、ここでも彼女たちのだれもイエスの復活の瞬間を目にはしていないのです。ウジが湧き出そうになってきた

遺体から甦っていく、その興味深い、息を呑む瞬間のディテールは何も記されていないのです。わたしの知る限り、その瞬間を描いた画家はこれまでおりません。

画家たちは復活した直後のイエスを描きます。

最初にお見せするのはドイツのシュヴァーベン地方の画家ハンス・ムルチャー（一四〇〇―六七）の手になるものです（図5―10）。ここでの見張りの番兵たちもいぎたなく寝入っております。マタイも、マルコも、ルカも、またヨハネも寝入った番兵については語っておりません。これはゲッセマネの園で寝入ったイエスの弟子たちの姿が番兵に投影されていると見るべきなのでしょうが、画家たちは、番兵を眠らせることでイエスの復活する瞬間を描かないで済みました。番兵たちが寝込んでいたならば、どうして復活の場面など描けようかというわけです。イエスの右手を見てください。それは教会に来る信徒たちを祝福する司祭の右手か、聖餐式のときの司祭の祝福の右手です。Vサインをしているのではありません。イエスの左手に十字架棒が見られます。

次はだれでもが一度は目にしたことのあるイタリアの画家ピエロ・デラ・フランチェスカ（一四一五―九二）が描いた復活後のイエスです（図5―11）。復活後のイエスは白地に赤い十字を描いた旗を手にして、墓の蓋石に左足をでんと置いております。死に打ち勝ったことを示しているのでしょう。右に描かれている葉の茂った木と左に描かれて

図5-10　ハンス・ムルチャー、キリストの復活、1437年

図5-11　ピエロ・デラ・フランチェスカ、キリストの復活、1463-65年

いる葉のついていない木の対比にも注目してください。向かって右が常緑樹、向かって左が落葉樹だ、それがどうした、ただそれだけのことだとするのもひとつの見方ですが、右の木は「復活」を、左の木は「死」を表している、と重々しく考えたいものです。この絵が置かれているのは、イタリアの南トスカナ地方の町サンセポルクロ（「聖墳墓」の意味）の市庁舎です。ということはどういうことなのでしょうか？　この復活したイエスはこの町の守護聖人なのです。確かに、この復活したイエスの姿勢は、この町のセキュリティを一手に引き受けているかのようです。現代ならばそれはセコムで、「セコム、してますか？」と聞かれそうですが、このルネサンス時代は、復活のイエスがセコムだったのです。

多くの埋葬場面での石棺は、それ自体がクローズ・アップされて描かれておりますが、次の絵は石棺が洞穴の中にあったことを示しております（図5-12）。この絵の作者は、あの画家かな、この画家かなと、なかなか特定できなかったのですが、一九〇三年にベルリン美術館が購入して薄黒く変色した絵の表面を洗浄してみてはじめて、作者がジョヴァンニ・ヴェルニーニ（一四三〇―一五一六）であることが分かったそうです。

こちらはボッティチェリの作品です（図5-13）。フィレンツェのウフィツィ美術館で見ることができます。墓の中から復活しようとしているイエスが描かれておりますが、

図5-12　ヴェルニーニ、キリストの復活、1475-79年

図5-13　ボッティチェリ、墓の中から復活するキリスト、1488年頃

石棺の周囲には天使や眠りこけている見張りの番兵たちが描かれておりません。石棺の向こうには空間性が認められます。それだけにこの絵に接する者の目は、胸板のやけに厚い、復活後のイエスに集中いたします。

エル・グレコ（一五四一―一六一四）は一五七七―七九年に、また一五九六―一六〇〇年に復活後のイエスを描いております。前者はトレドの大聖堂で、後者はマドリードのプラド美術館で見ることができるので、日本の多くのグレコ・ファンは両方の絵を見ているのではないでしょうか？

これはイタリアの画家ドメニコ・パッシナーノ（一五五九―一六三八）が描いたもので、現在ヴァチカン美術館で見ることのできるものです（図5－14）。明暗という視点からこの絵を見ますと、上半分の明と、下半分の暗が非常に対比的で、このようにはっきりと対比的に描かれているということは、キリスト教の教化を目的としているのではないかと疑い、いくつかの解説書やその類の書を読み漁っ

図5-14　パッシナーノ、キリストの復活、1611-12年

図5-15　ルーベンス、キリストの復活、1611-12年

ておりましたところ、これはルターの宗教改革に対抗して起こった反宗教改革の教えの要請にそったものであることが分かりました。すなわち、これは反宗教改革派の教えを視覚的に説くことを目的にしたものだそうです。なるほど。

次のものはどうでしょうか？ピーテル・パウル・ルーベンス（一五七七―一六四〇）の描いた三つ折りの祭壇画です（図5―15）。この作品は通称「モレトゥス・三つ折り祭壇画」と呼ばれておりますが、それは注文主が印刷で財をなしたヤン・モレトゥス（一五四三―一六四〇）であったからです。

中央に描かれているのは非常に勢いのある復活後のイエスです。これまで紹介した絵では石棺が描かれておりましたが、ここでは石棺ではなくて、岩場につくられた墓です。それを打ち破っての復活ですから、勢いのあるのも当然かもしれません。筋骨隆々たる体軀をしたイエスには前面から強烈なスポット・ライトがあてられ、またその後方には光輪以上の太陽のように光り輝くものが認められます。イエスの足下の見張りの者たちはその輝きに驚き、思わず手を顔に当てたりしております。左側のパネルにはヤン・モレトゥスが守護聖人としている洗礼者ヨハネが描かれております。洗礼者ヨハネですから、その後方に描かれているのはヨルダン川となります。右足の足元には、やや見づらいですが、短剣が置かれております。短剣は洗礼者ヨハネが斬首されることを暗示するものとなっております。では、右側のパネルに描かれている女性はだれでしょうか？　わたしは最初モレトゥスの奥さんかと思いましたが、そうではなくて、彼女の守護聖人であるサン・マルティナです。この聖人が手にしているのは殉教を象徴するパーム・ツリーです。

復活後のイエスは？

では復活後のイエスです。

彼は何をしたのでしょうか？

マタイ二八・六以下によれば、マグダラのマリアともうひとりのマリアは、イエスの復活を告げる主の天使の言葉に喜び、そのことを弟子たちに告げるために墓を立ち去ります。そして、その行く手に復活のイエスが立っていたというのです。しかも復活のイエスはこの二人の女に「グッドモーニング」と声をかけたというのです。もちろん英語で声をかけたのではなく、ヘブライ語で「ボケル・トーブ」と言ったのでしょうが、彼女たちはイエスの足を抱き、その前にひれ伏したというのです。それにしても、なぜ二人はイエスの足を抱いたのでしょうか。復活の感触を確かめようとしたのでしょうか。

マルコ一六・五以下によれば、墓に行った女たちは、白い長衣を着た若者にイエスは復活したと告げられますが、ことの展開に恐ろしくなってその場を逃げ出したというのです。それにしてもここでの「白い長衣を着た若者」とは誰なのでしょうか？　ほかならぬイエスだったのでしょうか？　福音書の記述する「変貌のイエス」は、白い輝くような衣を着ておりました。それはさておくとして、この記述に、次の一文がつづきます。

「イエスは週のはじめの日の朝早く、復活して、まずマグダラのマリアにご自身を現された。このマリアは、以前イエスに七つの悪霊を追い出してもらった女である」（一六・九）。

ヨハネ福音書の第二〇章はどうでしょうか？

そこでは週のはじめにイエスの葬られた墓に出かけて行ったのはマリアひとりであったようです。彼女は墓での異変をペトロと「もうひとりの弟子」に知らせに行きます。ここでは「もうひとりの弟子」という表現が都合三度も現れ、奇妙な気にさせられます。なぜ、具体的にその名前が挙げられていないのでしょうか？　それはともかく、このときのマリアの時系列的な行動は明らかにされないような奇妙な仕方で、彼女はもぬけの空となったはずの墓の外に立たされており、

「……泣きながら身をかがめて墓の中を見ると、イエスの遺体の置いてあった所に、白い衣を着た二人の天使が見えた。一人は頭の方に、もう一人は足の方に座っていた。天使たちが『女よ、なぜ泣いているのか』と言うと、マリアは言った。『わたしの主が取り去られました。どこに置かれているのか、わたしには分かりません。』こう言いながら後ろを振り向くと、イエスの立っておられるのが見えた。しかし、それがイエスだとは分からなかった。イエスは言われた。『女よ、なぜ泣いているのか。だれを捜しているのか。』マリアは園丁だと思って言った。『あなたがあの方を運びさったのでしたら、どこに置いたのか教えてください。わたしはあの方を引き取ります。』……」（二〇・一一―一五）

ジョットや、ドゥッチオ、フラ・アンジェリカらが復活後のイエスを描いておりますが、これはフランドルの画家ファン・デ・フランデス(一四六五ころ―一五一九)が描いたものです(図5-16)。ここで描かれている復活したイエスは、ヨハネ福音書が示唆する園丁の姿を取っております。シャベルかスコップを手にしております。ところでこの絵にはとんでもない誤りがひとつあるように見えますが、お気づきでしょうか? スコップの先の方を見てください。掘られた穴があります。これでは復活したイエスがこの穴を掘っていたことになり、それではイエスが本当に園丁であったことを示すものになります。まあ、わたしなどはイエスがガーデニング好きな庭師であっても構わないと考える者ですが――ペテン師であっては困りますが――、ヨハネ福音書は、復活したイエスが園丁に「見誤られた」と言っているのであって、園丁であったとは言っておりません。マリアの右手の下に置かれているのは、香油の入った容器でしょう。

この絵をよくよく観察してみますと、背景は教会の敷地内のようです。もしそうだとすると、復活したイエスが手にしたスコップの先にある穴は、実は、教会での葬儀が終わったあと棺桶を埋葬するために掘った穴となります。つまり、ファン・デ・フランデスは、自分が所属する(多分)教会の敷地内の光景を復活のイエスの背景としているわ

図5-16　ファン・デ・フランデス、マグダラのマリアの前に姿をあらわすキリスト、1500年頃

けです。この時代になりますと、ラザロの復活の場面を描くのに教会の敷地内の光景が描かれることがありますが、ここではイエスの復活の場面に教会の敷地が借景として利用されているのです。

次も同じ場面で、オランダの画家ヤーコプ・コルネリス・ファン・オーストサーネン（一四七〇―一五三三）が描いたものです（図5－17）。ヨハネ二〇・一七によれば、このときの復活のイエスはマリアに向かって「わたしに触れてはならない。まだ父のもとへ上ってはいないのだから」と言って、彼に触れようとするマリアを牽制しておりますが、面白いことに、ここでは復活のイエスの方がマリアの額に手をやって、彼女に触れているのです。新共同訳聖書では「わたしに触れてはならない」を「わたしにすがりつくのはよしなさい」と訳出しております。ラテン語訳 Noli me Tangere からでは可能な日本語訳かと思われますが、ギリシア語訳からだとすると、いかがなものでしょうか？ ここでのギリシア語の動詞ハプトオーの通常の意味が「触れる」だからであり、「すがりつく」という積極的な行動や振る舞いをそこから引き出すのは容易ではありません。なおここでもマリアの手元には香油壺が見られます。彼女が身にまとっているのは、もちろん、この画家の時代、すなわち一六世紀初頭の淑女たちがまとった衣服です。この絵の背景は、教会の敷地ではありません。中央に城などが描かれておりますから、復活

図5-17　オーストサーネン、マグダラのマリアの前に姿をあらわすキリスト、1507年

のイエスが立っているのは、町外れとなります。もしそうだとすると、町はずれにも死者を埋葬する場所があったことを、この絵は示唆するのです。

イタリアの画家ティツィアーノ（一四四八―一五七六）の絵でも、園丁として見間違えられたイエスは鍬を手にしておりますが、この絵をX線で見ますと、ここでのイエスは最初、園丁の帽子をかぶっていたそうです。

ドイツの画家ハンス・ホルバインの絵のイエスは、空手の構えをしているのではなくて、マグダラのマリアに声をかけられてびっくりしている所を表しております（図5―18）。ここでのマリアはサンダルを履いておりますが、イエスは復活のイエスですから、サンダルなど履いているわけがありません。ここまでお見せした絵がすべてそうであったように、イエスはしばしば裸足で描かれます。たとえ彼の弟子たちが履物をはいていてもです。マリアも右手を前に差し出しておりますが、これも多分、驚きの仕草でしょう。二人の間の後方には、ペトロとヨハネも描かれております。この絵は部分図なので分かりにくいのですが、二人はエルサレムに向かう途次にあるようです。

イタリアの画家コレッジオや、同じイタリアの画家アニョーロ・ブロンツィーノ（一五〇三―七二）、スペインの画家アロンソ・カーノ（一六〇一―六七）らも復活後のイエスを描いております。ブロンツィーノの両手を広げてイエスに触ろうとしているマリア

図5-18　ホルバイン、「わたしに触れてはならない」、1524年

の仕草は大袈裟です。

復活後のイエスのガリラヤ行き

マタイ二八・一〇によれば、復活したイエスは、自分の取り巻き軍団の女性たちに向かって、「恐れることはない。行って、わたしの兄弟たちにガリラヤへ行くように言いなさい。そこでわたしは会うことになる」と告げます。ここでの「わたしの兄弟たち」とはイエスの十一弟子を指します。ユダはすでに脱落しているので、十二弟子のひとりではありません。この弟子たちは、ガリラヤに行くと、すでにイエスにより指示されていた山に登ります（二八・一六）。ガリラヤにはたくさんの小高い丘陵や山がありますが、ここではその山がどれなのかは特定されておりません。いずれにしても十一弟子は、山の上でイエスに会い、ひれ伏したというのです。先に見たマグダラのマリアも復活のイエスに出会って「ひれ伏した」そうですが、なぜひれ伏すのでしょうか。復活後のイエスを「疑う者もいた」とありますが、誰が疑ったのか知りたいものです。実証主義者トマスを指しているのでしょうか？　マルコ一六・一四によれば、十一弟子が復活後のイエスに会ったのは、山の上ではなくて、食事をしていたときだそうですが、どこでの食事であったのかは明らかにされておりません。しかし、ルカ二四・三三では、十一弟子が食事をしている場所はエルサレムですが、エルサレムのどこであるかは記されておりません。

まあ、すべてが曖昧なのです。読む方は頭を抱えてしまいます。

ルカで面白いのは、目の前に現れた復活後のイエスを目にして「亡霊《プネウマ》」が現れたのではないかと考える不届きな弟子がいたと申し立てていることですが、それを見たイエスはこう言ったというのです。「なぜ、うろたえているのか。どうして心に疑いを起こすのか。わたしの手や足を見なさい。まさしくわたしだ。触ってよく見なさい。亡霊には肉も骨もないが、あなた方に見えるとおり、わたしにはそれがある」（二四・三八―三九）と。イエスはマリアに向かっては、触ってはならないと言っておきながら、ここでは弟子たちに向かって、「わたしに触ってみろ《プセラフェーサテ》」と挑発しているのです。

ヨハネ福音書は独特で、複雑です。

そこではイエスは弟子たちに何度か現れておりますが、必ずしもそのときに十一弟子すべてが揃ってはいません。週のはじめの日の夕方、イエスは弟子たちに現れますが、トマスはその場所におらず、そのため他の弟子たちが彼にイエスを見たと言います。しかし彼は、「あの方の手に釘跡を見、この指を釘跡に入れてみなければ、またこの手をその脇腹に入れて見なければ、わたしは決して信じない」と言い返すのです。そのためでしょうか、イエスは八日後また、トマスもいる弟子たちの集まっている場所に現れます。イエスはさらにその後、ティベリアス湖畔で七人の弟子たちに姿を現します。これで都合三回は弟子たちに姿を現したことになりますが、ヨハネではイエス昇天の話は記されておりません。

ルカの福音書第二四章によれば、イエスの二人の弟子——そのうちの一人の名はクレオパですが、もう一人の名は明らかにされておりません——がエルサレムから六〇スタディオン離れたエマオと呼ばれる村へ歩いていると、イエスが近づいてきて、一緒に歩きます。二人の弟子はエルサレムで起こったイエスの復活の話を語り、イエスは彼らが目の前にいる復活の自分に気づいていないことから、「モーセとすべての預言者からはじめて、聖書全体にわたり、自分について書かれていることを説明した」そうです。

引用したこの一文は、この福音書が書かれたころの教会の事情を物語るものとして読めば、納得がいくものとなります。ルカの福音書が書かれた時期を九〇年代ころとし、イエスの死を三〇年ころとしますと、この間にすでに六〇年は経ていて、イエスをキリストとして信じる群れの中の熱心な信者たちはパウロにならってパレスチナや地中海世界で伝道活動をしていたはずです。そしてこの一文のように、彼らは行く先々で、ギリシア語訳の聖書を群衆の前で広げては、モーセはイエスの登場について、ああ言っていたとか、こう言っていた、預言者たちはイエスの登場についてああ言っていたとか、こう言っていた、と聖書の権威に寄りかかりながら、イエスこそがキリストであることを論証しようとしていたのです。

この一文に先行するイエスの言葉も興味あるものです。イエスは一緒にエマオまで歩いている二人の弟子の言葉に反応して、「ああ、物わかりが悪く、心が鈍く預言者たちの言ったことすべてを信じられない者たち、メシアはこういう苦しみを受けて、栄光に入るはずだったのではないか」と言ったとされますが、これは二人の弟子の言葉にたいする応答になっておりません。このイエスの言葉は、イエスこそが旧約の預言者たちが語ったメシアであるといかに熱心に伝道者たちが語っても、それを信じようとしない聴衆への苛立ちを表明しているのです。ですから、これは復活のイエスの口から出たものではないのです。

それはともかく、エマオの村に入るとイエスはこの二人の弟子と一緒に食事をしたというのです。この話はマルコ一六・一二―一三でも言及されておりますが、そこでの一文につづくのは、イエスが食事をしている十一弟子に現れたという話です。

エマオで食事をしている場面をいくつかお見せいたします。

ヤコーポ・ポントルモ(一四九四―一五五七)や、ヤコーポ・バッサーノ(一五一〇ころ―九二）らが描いておりますが、ここでお見せするのはカラヴァッジオが一六〇一年から翌年にかけて制作したとされるものです（図5―19）。故人となられた美術史家若桑みどりさんの解説によれば、これは一五九〇年代後半に制作されたものです。カラヴァッジオは、一六〇六年に同じ主題の絵をもう一枚描いております（図5―20）、若桑さんは二つを比較し、様式の発展について言及しておりますが、同時に彼女は、後者の作品は彼が殺人を犯した後、ローマの近郊の町に身を潜めていたときに描いたという説をも紹介しております。同じ主題の絵が二枚ある以上、その二つを比較してみることは重要です。二つの絵での大きな相違は何でしょうか？ 前者でのイエスは非常に若づくりです。二〇代前半の顔ではないでしょうか？ この若さで復活したようです。それに反して後者の絵での顔つきはそうではありません。前者では食事を出しているのは宿屋の主人ひとりだけですが、後者では女主人も画面の右隅に描かれております。後者での男主人と女主人の身なりは、前者のそれとは随分と違います。町の労働者とその妻といった風情です。日常的な疲労感が二人の体全体に、そして二人の仕草にただよっております。男主人の顔は、逃亡先でのカラヴァッジオです。肝心の食事はどうでしょうか？ これまた違います。前者ではロースト・チキン、パン、果物ですが、後者では、ぐっと質素にパンのみとなります。このみすぼらしい身なりの宿屋の主人と女主人が提供でき

図5-19　カラヴァッジオ、エマオでの食事、1601-02年

図5-20　カラヴァッジオ、エマオでの食事、1606年

図5-21　ドゥッチオ、食事をしている弟子たちの前に姿をあらわすキリスト、1308-11年

るものとしてはこれが精一杯といった感じでしょう。

次に食事をしている十一弟子の所に現れたイエスを描いたドゥッチオの作品をお見せします（図5-21）。ここでの描写はマタイでもマルコでもなくルカ福音書の第二四章にもとづいていると思われます。十一弟子たちの前には魚の盛られた皿が二つ置かれているからです。しかし、ルカの続きをよくよく読むと、そこではイエスが何か食べ物があるかと弟子たちに問い、そのため焼き魚がひと切れ差し出され、イエスがそれを口にしたとあります。この絵のイエスの前にはそのひと切れが描かれておりません。他方、ルカの記述には認められない葡萄酒とパンが描かれております。ということは、この絵はルカにもとづいているとは必ずしも言えなくなってきます。ここでの魚は、魚を表すギリシア語イクトゥスがキリストを象徴的に表すところから、キリストの血と肉を表すパンと葡萄酒と一緒に描かれているだけかもしれません。なお、ルカによれば、エマオでのイエスは、単に空腹だから、「何か食べ物はあるのか？」と尋ねたのではなくて、復活した自分を信じられない十一弟子たちに向かって、自分が「亡《プネ》霊《ウマ》」ではない証拠を見せるために、焼き魚を食べたそうです。確かに、亡霊は食べ物を必要とはしません。

ヨハネ福音書の第二〇章は、トマスの不信について語っております。イエスが弟子たちの所に現れたとき、トマスはその場所にいなかったために、イエスの復活を信じることができず、すでに述べたように、彼らに向かって「この手をあの方の脇腹に入れてみなければ、わたしは決して信じない」と言ったそうですが、ベルナルド・ストロッツィ（一五八一―一六四四）は、その場面を描きました（図5－22）。

昇天――天のどこへ

復活後のイエスはもう二、三年ガリラヤで活動してもよかったと思うのですが、ガリ

図5-22　ストロッツィ、不審のトマス、1620年

ラヤで弟子たちに姿を現した後、マルコの第一六章、ルカの第二四章、そして使徒言行録の第一章によれば、天に昇って行きます。マルコは「主イエスは、弟子たちに話した後、天に上げられ、神の右に座した」とだけ申しておりますが、読者は、文脈により、イエスが昇天した場所はガリラヤであったかのような印象を受けるのではないでしょうか？　しかし、ルカではベタニアであると明記されております。そこには「イエスは、そこから彼らをベタニアの辺りまで連れて行き、手を上げて祝福された。そして、祝福しながら彼らを離れ、天に上がられた」という記述があるのです。使徒言行録の第一章の描写も読んでみてください。

ジョット・ディ・ボンドーネ（一二六七―一三三七）はアッシジのサン・フランチェスコ教会のためにフレスコ画を描いております。かなりひどく損傷している作品なのですが、そこには、天に昇って行くイエスの下にみ使いが二人描かれております。この二人のみ使いに言及しているのは使徒言行録の第一章です。イタリアの画家ペルジーノ（一四四五―一五二三）の作品では画面の下半分に描かれた十一弟子とマグダラのマリアが天に昇って行くイエスに「アデュー」と言っております。昇天中のイエスはバイオリンやリュートなどを奏でるみ使いたちに囲まれているばかりか、一三人のみ使いジュニアたちにも囲まれております。賑やかこの上ない昇天風景です。このみ使いやみ使いジユニアたちはイエスが「神の右に座した」のを見届けたのでしょうか？　それにしても神の座は、天のどの辺りにあるのでしょうか？　知りたいものです。

本章では、墓からのイエスの復活や、マグダラのマリアや弟子たちに現れるイエス、そして昇天のイエスを描いた画像を紹介しましたが、復活そのものの場面は画家たちによって一点も描かれていないことを確認しました。ウジが湧く寸前の朽ちた肉体の描写は非常に難しかったらしく、それを描いたものはわたしのもとには一枚もありません。福音書記者も復活の場面では、四苦八苦していたようです。

第6章　ヨハネの黙示録

ヨハネの黙示録です。

わたしは日頃、新約聖書の最後に置かれるヨハネの黙示録を「人畜有害の文書」、「百害あって一利なしの文書」と誰はばかることなく公言しておりますが、古代キリスト教世界においてもこの文書は最初から波瀾含みの出発を余儀なくされました。あまりにも怪奇で面妖な文書だからです。

論より証拠です。

ディオニュシオスの残した文書

ディオニュシオスと呼ばれる三世紀のアレクサンドリアの教会管区の監督（司教）が残した『約束について』と題する文書が、四世紀の最初の教会史家でエウセビオスと呼ばれた人物が書き残した『教会史』の中に残されておりますので、それを紹介します。彼はヨハネの黙示録を斥ける者たちに言及して、次のように述べております。

「実際、わたしたちよりも前の時代の一部の人たちはこの小冊子を斥け、徹底的に攻撃しました。彼らはそれを一章毎に検討し、それがわけのわからぬ非論理的なもので、その表題も虚偽であると断定しました。彼らは次のように申し立てます。すなわち、それは（福音書記者）ヨハネのものではなく、またアポカリュプシス（黙示録＝覆いをはずすこと）でもない、なぜならば、それは了解不能という重い分厚い帳で隠されているからである。この文書の著者は使徒たちの一人でないのはもちろんのこと、聖徒たちや教会に属する者の一人でさえない。それはその名に因んでケーリントス派と呼ばれるものを創始したケーリントスである。彼は自分のでっち上げたものに、名誉ある名をつけようと望んだ。彼の教えた教義は、キリストの王国が地上に現れるというものだった。彼は現世的生活を好み、骨の髄まで肉欲主義者だったので、欲望を胃袋の満足によって、すなわち飲食や同衾、あるいは、もっと穏やかな形で供されると思われる饗宴や犠牲、生贄の惨殺などによって実現されると夢見ていた、と。」（七・二五）

長々と引用してしまいました。

ディオニュシオスよりも「前の時代の一部の人たち」の鋭い観察です。率直な感想です。ここに出てくるケーリントスは、二世紀のリヨンの教会の物書きエイレーナイオスにより、その著作『異端駁論』の中で「審理の敵」とレッテルを貼られている人物です。教会はその最初から正統と異端の争いがあったためでしょうか、つねに「敵」と「味方」の二つの陣営に二分し、その敵にたいしてはさまざまなレッテルを貼ります。

ディオニュシオスは黙示録排斥派の意見を紹介した後、自分の立場をも表明しております。彼は次のように言うのです。

「しかし、わたしは多くの兄弟がこの小冊子を尊重しているので、それを斥けるような大胆なことはしません。ただし、わたしは自分の理解力の乏しさのためにそれぞれに関しての考えを表明するに至らないことを認めますが、それぞれの章節の意味は隠されていて、字義以上の驚くべきものがあると考えています。わたしはそれを理解できないでいますが、何か深い意味が言葉の中に隠されているのではないかと想像しています。わたしは自分の理性だけでこれらのことを推し測ったり判断したりはせず、信仰により多くを委ね、それがわたしの理解にとって高尚すぎると考えるに至りました。わたしは自分の理解できないものを価値のないものとして斥けたりはせず、むしろわたしがそれを了解できないことを訝しく思っています。」

ディオニュシオスはなかなか誠実な人のようです。エウセビオスは彼の言葉を観察した上で、彼が「黙示録の文書全体を吟味し、字義どおりにはそれが理解できないことを示した」と述べております。

それでは、古代キリスト教世界の一部の人たちでさえ理解できないと投げ出したヨハネの黙示録に入って行きましょう。

黙示の意味は?

みなさん方にお尋ねいたします。

ヨハネの黙示録の「黙示」とはどういう意味なのでしょうか?

英語では黙示や啓示のことをアポカリプス(Apocalypse)とかレヴェレーション(revelation)と申します。英語のアポカリプスはギリシア語のアポカリュプシスから派生しました。覆いのことをカリュプシスと言います。このカリュプシスに「……から」

の、分離の意味をもつ前置詞アポが付いたものがアポカリュプシスですが、わたしの語感では、ここでの前置詞アポは名詞カリュプシスにそれを「取り除く」の意を与えるものになっており、覆いを取ることの意になろうかと思います。

問題は覆いの下に何があるのかです。

それは文字どおり神のみぞ知るであって、わたしたち人間の想像力でもって想像できるものではありません。そこにあるものは人間の想像を超絶し、人間の想像を峻拒するものでなければなりません。しかし、実際には、このヨハネの黙示録はひとりの人間のケッタイな想像力によって書かれたものなのです。わたし流に言えば、そこで現れ出る黙示の光景とは、あるタイプの人間の想像の活力が生み出した、わたしたちフツーの人間の想像を超絶する光景なのです。

黙示録の著者は?

最初にヨハネの黙示録の著者について考えてみたいと思います。

この著者の支離滅裂ぶりや、この著者が何かの圧倒的な重圧の下に置かれているところから生まれる強迫観念などに最初から最後までおつきあいして著者像を想像するのでは、こちらがおかしくなります。そうならないためには、この黙示録の全文を一字一句丁寧に読むのではなくて、その序文部分に目をやるだけでひとまずは十分としましょう。この黙示録の著者は、その冒頭から「そのときが迫っている」となされております。彼はこの黙示録の「序文」に相当する部分で次のように言うからです。

「イエス・キリストの黙示。この黙示は、すぐにも起こるはずのことを、神がその僕《しもべ》たちに示すためキリストにお与えになり、そして、キリストがその天使を送って僕ヨハネにお伝えになったものである。ヨハネは、神の言葉とイエス・キリストの証し、すなわち、自分の見たことすべてのことを証しした。この預言の言葉を朗読する人と、これを聞いて、中に記されたことを守る人たちは幸いである。時が迫っているからである。」(一・一―三、訳文は新共同訳聖書から。以下も同じ)

この著者はいったい誰なのでしょうか?

著者は一・九で、この黙示録を著していたときの自分について、「わたしはあなたがたの兄弟であり、ともにイエスと結ばれて、その苦難、支配、忍耐にあずかっているヨハネである。わたしは、神の言葉とイエスの証しゆえに、パトモスと呼ばれる島にいた」と書いております。

著者はどこかの教会に所属しているようです。それを示唆するのは「あなたがたの兄弟」という言葉です。「その苦難、支配、忍耐にあずかっている」とありますが、このそれぞれの言葉を裏付けるものは何も書かれておりません。書かれていない以上、わたしたちの議論の対象にはなりません。「神の言葉とイエスの証しゆえに、パトモス島にいた」とあります。著者はパトモス島でキリスト教の伝道活動に従事している人物か、キリスト教の宣教活動を妨害されてこの島に流された人物のようです。後でお見せいたしますが、パトモス島は風光明媚な島です。喧噪の都市で伝道するのではなくて、たとえば、伊豆の大島や三宅島で伝道活動をしているようなものでしょう。人間、環境が良すぎるとおかしくなることもあります。釣り糸でも垂らしていれば問題ないのですが、この著者は天上界のことを妄想してしまったのです。妄想するのは人の自由ですが、彼はそれを書き残してしまったのです。そのため人類に百害を垂れ流すことになります。

画家たちの想像するパトモス島のヨハネ

さて画家たちは、冒頭の一節から、パトモス島に幽閉されているヨハネを想像します。このヨハネはヨハネ福音書を著したヨハネとは同一人物ではありませんが、聖書の批判的研究などは近代の所産ですから、二世紀や三世紀の古代キリスト教世界の物書きの多くはこの二人を、さらにはヨハネの手紙の著者をも含めて、ヨハネの名を冠する著作家をすべて同じ人物だと想像しました。もっとも冒頭にその言葉を引いたディオニュシオスの名誉のために申し添えておきますが、彼はその文書の性格や、言葉遣い、その傾向などから、この黙示録の著者とヨハネの名を冠する福音書の記者は別人であると申し立てております。ディオニュシオスなどは、福音書記者と黙示録の著者を同一人物だとする古代キリスト教世界の物書きの中にあっては例外的であります。

年代順に画像をお見せいたします。

イタリアの画家ジョット・ディ・ボンドーネ（一二六七—一三三七）が描いたフレスコ画「福音書記者聖ヨハネの生涯の諸場面」の中に「パトモス島のヨハネ」があります。フィレンツェのサンタ・クローチェ聖堂の礼拝堂の壁画として描かれたものです。パトモス島に島流しされたヨハネがうつらうつらしながら幻を見ている場面です。ヨハネの右上には、女と、揺りかごの中に入った彼女の子を脅かしているドラゴンの姿が見えます。その左には白い服を身にまとった「人の子」のようなものも見られます。鍬《くわ》か何かを手にしております。復活後に園丁と間違えられたイエスかもしれません。この園丁については前章をご覧ください。

次はドイツの画家が一四五〇年ころに描いたものです（図6-1）。作者の名前は不

図6-1　作者不詳、福音者ヨハネの夢、1450年頃

明です。黙示録の第四章と第五章にもとづいて、ヨハネが幻の中で見た天上の礼拝の光景が描かれております。二つの輪形の虹の内側のそれには、天蓋付きの石造りの玉座とそれに座る神が見られます。神の膝の上には本の形をした名簿が置かれております。そこには最後の審判を受ける者の名前が刻まれております。余計なことを申し上げますが、この本の四隅と中央には厚さ一ミリか二ミリの金属板が取り付けられております。この金属板の意味がお分かりになる方がおられるでしょうか？　わたしは長い間その意味が分からず困っておりましたが、あるときヨセフ

スの古書を買い付けるために懇意にしているアムステルダムの古書店のおやじさんと話をしているときにその意味が説明されました。嘘か本当か分かりませんが、ドイツ人などはビールを飲みながら聖書を読む癖があるそうです。そして酔っぱらうとジョッキを倒してしまうことがあり、机にビールが流れることがある。そのため聖書などにこの金属板を取り付けておくと、ビールの被害を最小限に食い止めることができるというのです。なるほど、です。

神の右膝には、左の前足を本にかけ、右の前足を神の膝にかけている子羊が描かれております。この子羊は「この世の罪を取り除く子羊」、すなわち復活して天に昇って行ったイエスでしょうが、この子羊を拡大しますと、七つの目と七つの角をもっていることが分かります。この子羊の描写は、黙示録五・六によるものです。神の玉座を取り巻くのは、それぞれ翼をもったライオン、雄牛、鷲、そして人間の姿を取った天使（み使い）たちです。これらの存在は次の絵で説明いたします。内側の虹と外側の虹の間も賑やかです。一番下には七つの燭台が見られます。その左右には白衣をまとい、黄金の冠を頭に置いた長老たちが一二人ずつ描かれております。二つの虹の外側の左下には、天上を見上げているパトモス島のヨハネが描かれております。そして右下にはこの絵を寄進したケルンの町のお偉いさんとその奥さんの姿が認められます。このお偉いさんは聖

図6-2　トゥーラ、パトモス島の福音者ヨハネ、1470年頃

職者の祭服をまとい、奥さんも修道女の姿です。この人物は町の議員か参事か何かをしているのですが、こういう寄進される絵を見ておりますと、これもまたパブリシティのための絵であることが分かり、その視点からこの絵を分析するのも面白いかと思われます。

次はイタリアの画家コジモ・トゥーラ（一四三一以前―九五）が描いたものです（図6―2）。彼が描く人物はアンドレア・マンテーニャの影響が認められるとの指摘がありますが、この人物がヨハネであり、かつ黙示録の著者であることはどこで分かるのでしょうか？

ヨハネであることは彼の腕に止まって翼を大きく広げている鳥から分かります。この黒っぽい鳥はカラスではなく、鷲です。鷲はヨハネを象徴します。旧約聖書のエゼキエル書一・一〇によれば、エゼキエルはあるとき、カルデアの地に流れるケバル川で翼をもつ四つの生き物の姿を見たそうですが、四つということから後年、その生き物が四人の福音書記者を各々指すのに使われるようになります。ヨハネは鷲の顔をもった生き物で表されるようになります。絵の中に鷲が描かれておれば、その鷲の近くにいる人物がヨハネであることになります。ここでは「ヨハネ福音書」の記者が「ヨハネの黙示録」の著者と同一視されていることが分かりますが、このヨハネが黙示録の著者であることを示すのは、彼が手にして目をやっている書物です。ヨハネの黙示録一・一一に、天上からの大きな声が「おまえの見ていることを巻物に書いて……七つの教会に送れ」と命じたとあるからです。ここで巻物が描かれておれば、テクストにより忠実なのでしょうが、ここでの巻物を表すギリシア語はビブリオンで、それには「小さな書物」の意味もありますので、巻物の代わりに書物が描かれていてもおかしくはないのです。わたしの知る限り、書物を手にしたヨハネを描いた画像は圧倒的です。わたしたちはここで描かれている書物にも興味を示したいと思います。この絵が描かれたのは一四七〇年ころとされております。この頃のイタリアはドイツについで印刷工房が多数存在し、さまざまな本をつくりだしていたからで、もうすでにカラー表紙の書物が出回っていたことを、この一枚の絵は教えてくれます。

フランドルの画家ハンス・メムリンク（一四三〇―九四）は、パトモス島の聖ヨハネ病院のために三連祭壇画を制作しましたが、その右側のパネルにパトモス島のヨハネが描かれております。この祭壇画は、現在では、パトモス島ではなくて、ブルージュのメムリンク記念美術館で見ることができます。大きさは縦一メートル七三センチ、横七九センチです。海の見える岩場の上に腰を下ろしているのがヨハネで、彼は「天上の礼拝」について神から送られてくる啓示か何かを書き留めております。すなわち彼はここでヨハネの黙示録と呼ばれるものを記しているのです。右上の二つの虹の中の光景は、先ほどお見せしたドイツの画家が描いたものと同じです。虹とヨハネの間には、ヨハネにまつわるさまざまな伝説から取られた主題が描かれております。

ネーデルランドの画家ヒエロニムス・ボッス（一四五〇―一五一六）はパトモス島のヨハネを二点描いております。一点は一五〇四年から翌年にかけて制作されたものです（図6―3）。六三センチ×四三センチの小振りの作品で、現在はベルリンの国立美術館で見ることができます。パトモス島の背後に描かれているのは海ではなくて、ボッスが

図6-3　ボッス、パトモス島の聖ヨハネ、1504-05年

好んだライン川です。画面の左下隅の鷲はもちろんヨハネを象徴するものですが、彼の書字道具を見張っております。右下隅に描かれた悪魔がそれを盗もうとねらっているからです。左上には「身に太陽をまとった女」(一二・一)が描かれております。二点目の作品の制作年代は不明ですが、これもまたベルリンの国立美術館で見ることができます。虹を表すディスク状のものの直径は三九センチだそうです。この絵を見る機会があれば、ディスクの真ん中部分に注目してください。パトモス島に翼を大きく広げた鷲がとまっております。外側のディスクの空間部分には十字架刑にいたるイエスの生涯の一部が描かれております。

次はドイツの画家ハンス・バルドゥング・グリーン(一四八五―一五四五)が描いたものです(**図6-4**)。左上にはキリストを抱いたマドンナが見られます。中世以降、ヨハネの黙示録の「身に太陽をまとった女」がマドンナであると解釈されるようになりましたが、これがそのよい一例です。ヨハネを表す鷲が左下に描かれておりますが、その鷲の頭にも光輪が認められます。光輪のバーゲン・セールです。まあ、それにしても安っぽい絵ではありませんか。こんな絵はあげると言われても、受け取りを拒否したいものです。

図6-4　バルドゥング・グリーン、パトモス島の聖ヨハネ、1515年頃

時禱書の中のパトモス島のヨハネ

フランスなどで一四世紀以降につくられはじめた時禱書の挿絵として描かれたパトモス島のヨハネをお見せしたいのですが、その前に時禱書について説明しておきます。時禱書はキリスト教徒が使用したもので、そこには挿絵入りの祈禱文ばかりか、賛美歌や暦なども入っております。一二世紀後半に出現し、一四世紀や一五世紀にフランスなどの貴族たちの間で盛んにつくられたとされております。贅を尽くしたものも多くあります。もう少し詳しくお知りになりたいのであれば、中央公論新社から出版されている木島俊介さんの『美しき時禱書の世界』をお読みください。

次はベリー公爵のためにつくられた時禱書に見られる挿絵です（図6－5）。島を取り囲む海にはボートを漕ぐ男が見えます。男の体がこちら向きになっておりますので、彼はパトモス島に向かってではなくて、対岸の大きな町に向かっております。男は島流しとされたヨハネをパトモス島に連れてきて、無事役目を果たして対岸の町に戻って行こうとしているのです。ヨハネの右にはヨハネであることを示す鷲が描かれておりますが、その鷲は羽根ペンがはいっているペン袋を口にくわえております。ヨハネが目をやる天上の玉座を四人のセラフィムが取り囲んでおります。セラフィムは神にもっとも近いとされる上級天使です。天上界は階級社会なのですね。ここでの天上の光景は黙示録

図6-5　ベリー公の美わしき時禱書、15世紀初頭

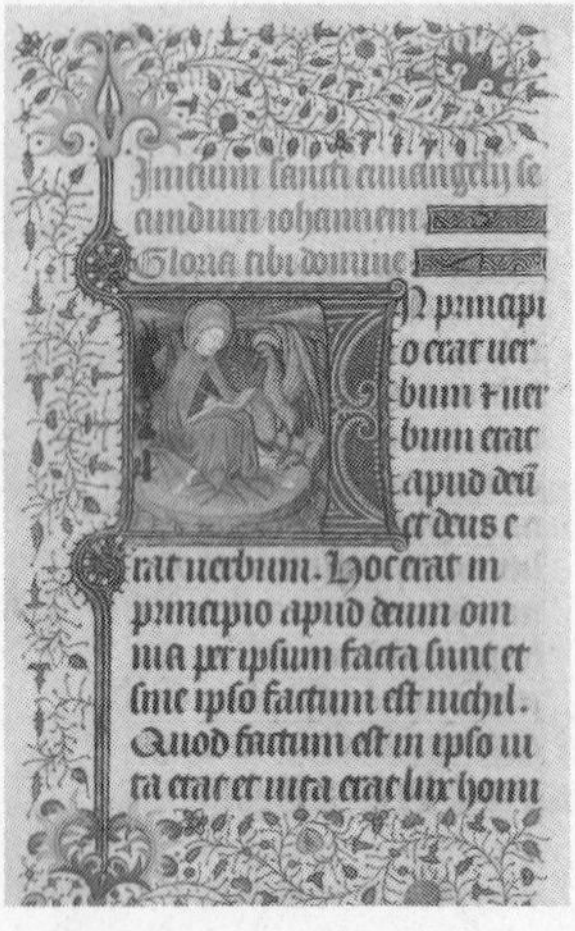

図6-6　フランスの時禱書

からのものです。神の玉座の辺りの光景はこんなものなのですね。この手の絵を見つづけていれば、天国などには行きたくなくなるのではないでしょうか。

次は一四四〇年ころにフランスでつくられた時禱書に見られる挿絵です（図6－6）。黙示録を書いているヨハネの左側には、ヨハネの執筆活動を妨害しようとしてインク壺を盗もうとしている悪魔が描かれております。右側にはヨハネを表す鷲が、悪魔の不審な動きを警戒しております。先程お見せしたボッスの絵と同じです。

一四八〇年ころにブルージュでつくられた時禱書の挿絵も似たようなものです。

写本挿絵の中のパトモス島のヨハネ

写本の挿絵にもパトモス島のヨハネが見られます。その一枚をお見せいたします。

これは一五世紀にフランスでつくられたヨハネの黙示録の挿絵です（図6－7）。イギリスのグラスゴー大学図書館の特別コレクションの中の一品です。パトモス島に一艘の船が接岸しようとしております。島流しにあったヨハネがこんな船に乗っていたと想像されたのです。

図6-7　フランスでつくられた時禱書、15世紀

パトモス島

ここでパトモス島を見ておきましょう。まずそのロケーションです。地図をお見せいたします。現代のトルコに近い、エーゲ海の東側に位置する島です（図6－8）。エーゲ海クルージングの中にはクレタ島や、サントリーニ島、そしてこの島に立ち寄る船がありますが、エフェソスやミレトスからも船が出ているはずです。みなさん方の中にはすでにこの島でエーゲ海と青い空を満喫して来られた方もおられるのではないでしょうか？　わたしもいつかエーゲ海クルージングを日本人観光客があまり乗り込んでこない季節を選んでやってみたいと計画しております。この辺りには島がいくつもありますが、パトモス島の面積は三八平

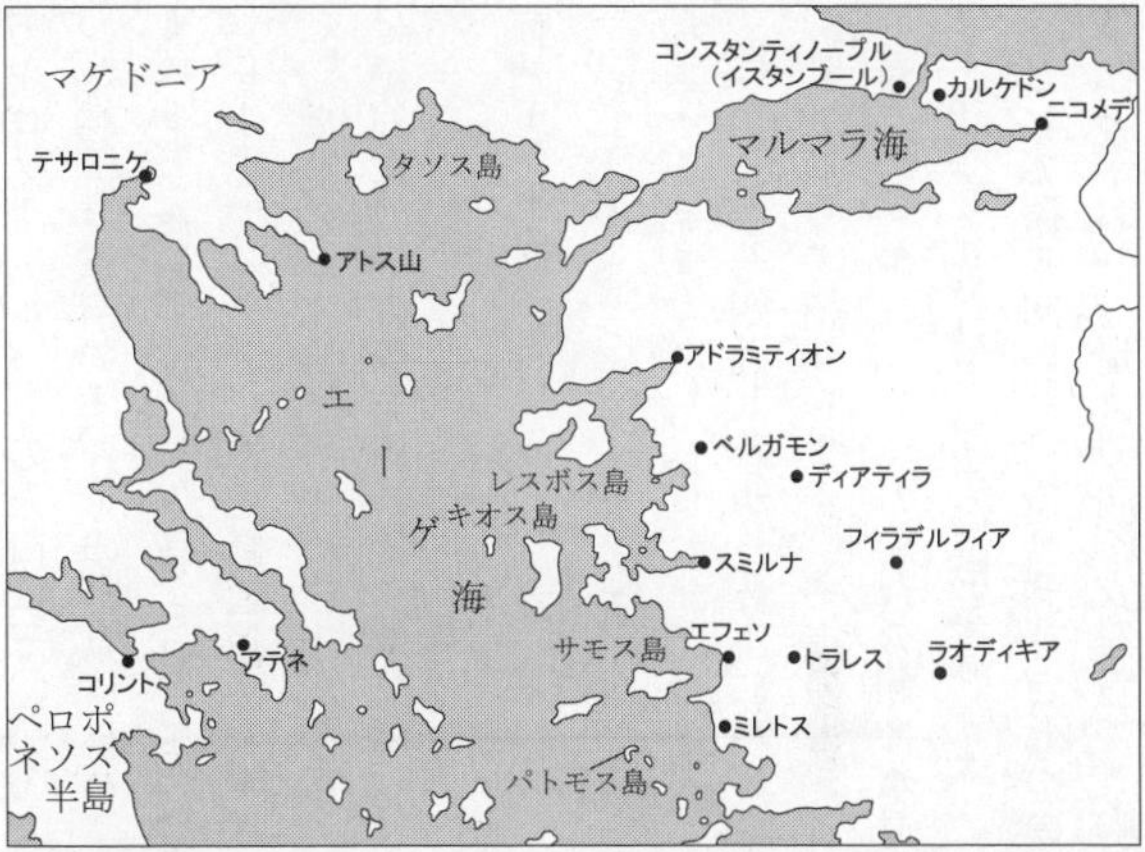

図6-8　パトモス島地図

図6-9　聖ヨハネ修道院

方キロメートル、その人口は三〇〇〇です。日本で言えば、伊豆半島の小さな港町といった規模と風情です。下の写真はヨハネを記念してつくられた聖ヨハネ修道院です（図6−9）。修道院の背後に見られるのは要塞か何かでしょう。修道院はよく要塞と連携プレーをするものです。修道院が襲撃されたとき、修道女は要塞に逃げ込めば安全です。この要塞は本来男子専用の修道院であったかもしれません。このような襲撃のとき、神は絶対に救いの手を差し伸べたりはしません。

デューラーの黙示録

次にお見せするのはアルブレヒト・デューラー（一四七一―一五二八）の黙示録の木版画一五点です。

いずれも一四九七年から翌年にかけてつくられたものです。ヨハネの黙示録の物語の順番に沿って紹介します。一点の大きさは縦三二・八センチ、横三〇センチです。

最初のものは「七つの燭台の間に永遠なる者を見るヨハネ」と題する木版画です（図6−10）。これはヨハネの黙示録一・一二の言葉「わたしは、語りかける声の主《ぬし》を見ようとして振り向いた。振り向くと七つの金の燭台が見え、燭台の中央には、人の子のような方がおり、足まで届く衣を着て、胸には金の帯を締めておられた。……顔は照り輝

図6-10　アルブレヒト・デューラー、ヨハネの黙示録；七つの燭台の間に永遠なる者を見るヨハネ、1497-98年頃

図6-11　アルブレヒト・デューラー、ヨハネの黙示録：神の玉座の前のヨハネと二四人の長老、1497-98年頃

く太陽のようであった」にもとづいて描かれたものです。ヨハネは七つの燭台の中央の燭台の左横で跪いて人の子を拝しております。人の子の顔には太陽光線が激しくあたっております。ここまでお見せしたパトモス島のヨハネの絵のいくつかも、ヨハネの黙示録のこの箇所にもとづいて描かれたものです。少しばかり先に進むと、この人の子のような人物は彼ヨハネに「さあ、見たことを、今あることを、今後起ころうとしていることを書き留めよ」と命じます。パトモス島のヨハネが筆記用具を手にして何かを書き留めようとしているのは、この箇所の記述があるからです。

次のものは「神の玉座の前のヨハネと二四人の長老」と題する木版画です（図6－11）。これは四・二以下の言葉「すると見よ、天に玉座が設けられていて、その玉座の上に座っている方がおられた。……また、玉座の周りに二四の座があって、それらの座の上には白い衣を着て、頭に金の冠をかぶった二四人の長老が座っていた」にもとづいて描かれたものです。ここまでにお見せした絵にも、天上の玉座を取り囲むようにして二四人の長老たちが二手に分かれて座っておりましたが、実はその光景はここでの記述によるものなのです。

三番目のものは「選ばれた者と聖人たちの天国での讃歌」と題する木版画です（図6－12）。これは五・六以下の記述「わたしはまた、玉座と四つの生き物の間、長老たちの間に、屠られたような子羊が立っているのを見た。子羊には七つの角と七つの目があった」にもとづいて描かれたものです。この子羊を拡大してみますと、七つの角と七つの目が描かれていることが分かります。ここでの四つの生き物はすでに前の第四章で「第一の生き物はライオンのようであり、第二の生き物は若い雄牛のようで、第三の生き物は人間のような顔をもち、第四の生き物は空を飛ぶ鷲のようであった」と言及されるものです。この四つの翼をもつ生き物についてはすでに説明いたしました。

四番目のものは「黙示録の四人の騎士」と題する木版画です（図6－13）。これは第

図6-12　アルブレヒト・デューラー、ヨハネの黙示録：選ばれた者と聖人たちの天国での讃歌、1497-98年

図6-13　アルブレヒト・デューラー、ヨハネの黙示録：黙示録の四人の騎士、1497-98年

六章の記述にもとづくものです。四人の騎士の最初の者は、白馬にまたがり弓をもっております。彼には冠が与えられたとあります。これは勝利者のイメージだと思われます。二番目の者は火のように赤い馬にまたがる者で、剣が与えられております。三番目の者は黒い馬にまたがり、天秤を手にしております。最後の四番目の者は蒼白い馬にまたがっております。その馬の乗り手の名は「死」であり、彼には剣と飢饉と死でもって人を滅ぼす権威が与えられております。この最後の蒼白い馬にまたがる死は好んで描かれてきましたので、ここでその他の画家の手になる作品をもお見せいたします。

イギリスの画家で詩人でもあるウィリアム・ブレイク（一七五七―一八二七）は、鉛筆の下絵の上に水彩絵の具で色をかぶせております（図6-14）。これはケンブリッジ大学のフィッツウィリアム・ミュージアムで見ることができます。ブレイクの作品のパロディを掲載したウェブサイトもあります。そこで「死」と呼ばれる乗り手がまたがっているのは蒼白い馬ではなく、ホンダが輸出用に製造したオートバイ CBR900 R R《ダブルアール》で、「火の刃」を意味するファイヤーブレードの愛称が与えられたものです。初代は一九九二年ですから、このパロディはそれ以降のものでしょう。確かに、ホンダのオートバイも乗り手次第では死をもたらすものとなりますから、このパロディは秀逸なものです。ホンダの生産がストップにならないことを願いましょう。

「国際的な評価を得た最初のアメリカの画家」（『オックスフォード西洋美術事典』）と評されるフィラデルフィア出身のベンジャミン・ウェスト（一七三八―一八二〇）の絵では、画面の中央の馬が蒼白い馬で、その馬の前にはすでにして死んでしまった女とその幼子が描かれております。

この蒼白い馬の「死」は疫病か何かをもたらしたのでしょうか？ ベンジャミン・ウェストはもう一点、同じ構図の作品を残しておりますが、ウェブで調べてください。ロンドンのテート・ギャラリーで見られるイギリスの画家ウィリアム・ターナー（一七七

図6-14　ウィリアム・ブレイク

図6-15　アルブレヒト・デューラー、ヨハネの黙示録：第五と第六の封印切り、1497-98年頃

図6-16　アルブレヒト・デューラー、ヨハネの黙示録：風を押さえる四人の天使、1497-98年頃

五―一八五一）の作品もウェブで簡単に調べることができます。

それではデューラーに戻ります。

次のものは「第五と第六の封印切り」と題する木版画です（図6－15）。これは六・九―一五の記述にもとづくものです。子羊が第五の封印を開き、さらに第六の封印を開きます。その封印切りは、「神と子羊の怒りの大いなる日」が到来したことを示すもので、太陽は暗くなり、月は全体が血のようになり、星は、大風に揺さぶられて振り落とされるイチジクの果実のように、落下したというのです。太陽と月の間に、星が天から降ってきます。本当に降ってきているのです。人びとは逃げ

図6-18　黙示録挿絵、製作年代不明

図6-17　アルブレヒト・デューラー、ヨハネの黙示録：ラッパを吹く七人の天使、1497-98年頃

まどっております。

次のものは「風を押さえる四人の天使」と題する木版画です（図6-16）。第七章の冒頭に次のようにあります。「この後、わたしは大地の四隅に四人の天使が立っているのを見た。彼らは、大地の四隅から吹く風をしっかり押さえて、大地にも海にも、どんな木にも吹きつけないようにしていた。」

次のはどうでしょうか？「ラッパを吹く七人の天使」と題する木版画です（図6-17）。これは第八章の記述にもとづくもので、その冒頭は次のようなものです。「子羊が第七の封印を開いたとき、天は半時間ほど沈黙に包まれた。そして、わたしは七

図6-19　アルブレヒト・デューラー、ヨハネの黙示録：第五と第六のトランペット、1497-98年頃

図6-20　写本挿絵、15世紀

人の天使が神の御前に立っているのを見た。彼らには七つのラッパが与えられた。」天使がラッパを吹くと、それを合図に、さまざまな災禍が降り注ぎます。たとえば、第一の天使がラッパを吹くと、血の混じった雹と火が生じ、それが地上に投げ入れられた、というのです。次はニューヨークのメーシー百貨店の近くにあるピアポント・モーガン図書館が所蔵する黙示録の挿絵です（図6-18）。七人の天使にトランペットが渡されている場面を描いております。

次のは「第五と第六のトランペット」と題する木版画です（図6-19）。第九章によれば、第五の天使がラッパ

図6-21　アルブレヒト・デューラー、ヨハネの黙示録：書物を飲み込むヨハネ、1497-98年頃

図6-22　アルブレヒト・デューラー、ヨハネの黙示録：太陽を身にまとった女と七つの頭をもつ竜、1497-98年

を吹くと、ひとつの星が天から地上へ落ちてくるのが見えたそうです。この星には底なしの淵に通じる穴を開く鍵が与えられ、星がその穴を開けると、大きなかまどから出るような煙が穴から上がり、太陽も空も、その煙のために暗くなったそうです。第六の天使がラッパを吹くと、神の祭壇から「大きな川、ユーフラテスのほとりに繋がれている四人の天使を放してやれ」と命じる声が天使に聞こえたそうです。これはフランスでつくられた写本の挿絵です（図6－20）。黙示録のテクストにかなり忠実に第九章の場面を描いております。

　次のものは「書物を飲み込むヨハ

図6-23 『黙示録絵図鑑』、1255-60年

ネ」と題する木版画です（図6−21）。これは第一〇章の記述にもとづくものです。その冒頭の記述に、「わたしはまた、もう一人の力強い天使が、雲を身にまとい、天から降ってくるのを見た。頭には虹をいただき、顔は太陽のようで、足は火の柱のようであり、手には開いた小さな巻物をもっていた」とあり、さらに先に進むと、この「わたし」は天使に巻物を所望し、それを受け取ると、天使は「わたし」に向かって、「受け取って食べるがよい。それは、おまえの腹には苦いが、口には蜜のように甘い」と告げたそうです。この「わたし」はヨハネですから、ここでの彼は巻物を食べているところですが、ここでの食べるという行為は、

神のメッセージの咀嚼を意味するのかもしれません。なお、ここで描かれているのは巻物ではなくて冊子本ですが、それはデューラーの時代がもう冊子本の時代だったことを反映しているように思われます。

次のものはどうでしょうか？

「太陽を身にまとった女と七つの頭をもつ竜」と題する木版画です（図6－22）。第一二章によれば、この女は月を足の下にし、頭には一二の星の冠をかぶっていたそうです。この女が子を産む苦しみを叫んでいると、七つの頭と一〇本の角をもつ、そしてその頭には七つの冠をかぶる竜が現れたそうです。パトモス島のヨハネの画像をお見せしているとき、中世のカトリック信仰では太陽を身にまとう女はマリアと同定されるようになったと申しましたが、実際、この場面を描いたものは多いのです。とくにルターの宗教改革以降はそれが顕著です。なぜそうなのか、これはいつか調べてみたい事柄です。

こちらは宗教改革以前の一二五五―六〇年にイギリスでつくられた『黙示録絵図鑑』からのものです（図6－23）。ニューヨークのピアポント・モーガン図書館で見ることができます。この絵では、女の膝の上に置かれていた子は現れた天使に引き渡されておりますが、それは黙示録一二・五に「子は神の元へ、その玉座へ引き上げられた」とあるからです。

次は「竜と戦う大天使ミカエル」と題する木版画です（図6－24）。これもまた同じ第一二章の記述にもとづくものです。そこには「さて、天で戦いが起こった。ミカエルとその使いたちが、竜に戦いを挑んだのである。竜とその使いたちも応戦したが、勝てなかった。そして、もはや天には彼らの居場所がなくなった。この巨大な竜、年を経た蛇、悪魔とかサタンとか呼ばれるもの、全人類を惑わす者は、投げ落とされた」とあります。

これは「子羊の角をもった獣」と題する木版画です（図6－25）。第一三章に、「わたしはまた、もう一匹の獣が地中から上って来るのを見た。この獣は、子羊の角に似た二本の角があって、竜のようにものを言っていた」とあります。右側の獣はこの場面を描いたものです。けったいな木版画ばかりを見つづけていて胸くそが悪くなるのではないかと心配ですが、もう少しおつきあい願います。

次は「バビロンの淫婦」と題する木版画です（図6－26）。これは第一七章の記述にもとづくもので、そこに次のようにあります。「わたしは赤い獣にまたがっている一人の女を見た。この獣は、全身至る所に神を冒瀆する数々の名で覆われており、七つの頭と一〇本の角があった。……その額には、秘められた意味の名が記されていたが、それは、『大バビロン、みだらな女たちや、地上の忌まわしい者たちの母』という名である」。

図6-24　(右上) アルブレヒト・デューラー、ヨハネの黙示録：竜と戦う大天使ミカエル、1498年
図6-25　(左上) アルブレヒト・デューラー、ヨハネの黙示録：子羊の角をもった獣、1497-98年
図6-26　(下) アルブレヒト・デューラー、ヨハネの黙示録：バビロンの淫婦、1497-98年

この大淫婦が座る獣は七つの頭をもっておりますが、そこでは七つの頭が「七つの丘」のことであると記述されておりますから、ローマの七丘を指していることは明白だとされます。次はイギリスで一二六〇年ころにつくられた『ランベス黙示録』の挿絵です(図6-27)。

次は一五三四年に出版されたルター訳聖書の初版に見られる絵です(図6-28)。ルターと画像についてはいつか学んでおきたい主題です。どうもルターの側に曖昧さがあるように見えるからです。

次は「地底に閉じ込められる悪魔とヨハネに新しいエルサレムを示す天使」を描いたものです(図6-29)。第二一章の記述にもとづくもので、そこに「わたしは、聖なる都、新しいエルサレムが、夫のために着飾った花嫁のように用意を調えて、神のもとを離れ、天から下って来るのを見た」とあります。右の小高い所に立つのはヨハネで、天使によって、左側に描かれている新しいエルサレムを指し示されております。第二一章はこの新しい都についてもう少し記述しております。「わたしは、都の中に神殿を見なかった。全能者である神、主と子羊とが都の神殿だからである。この都には、それを照らす太陽も月も、必要ではない。神の栄光が都を照らしており、子羊が都の明かりだからである」とあります。「都の中に神殿を見なかった」という記述は、紀元後七〇年に

図6-27 『ランベス黙示録』挿絵、1260年頃

図6-28 ルター訳聖書初版の挿絵、1534年

図6-29　アルブレヒト・デューラー、ヨハネの黙示録：地底に閉じ込められる悪魔とヨハネに新しいエルサレムを示す天使、1497-98年

図6-30　アルブレヒト・デューラー、福音書記者聖ヨハネの拷問、1511年

ユダヤ人たちが対ローマの戦いに敗れて、神殿を喪失した事実を踏まえた、その再建など夢のまた夢である状況に化している時代を反映しているように思われます。右下には、地底に閉じ込められようとしている悪魔が描かれております。

最後に、ヨハネの黙示録の記述にもとづくものではありませんが、デューラーが制作したもうひとつの木版画をお見せいたします（図6－30）。この木版画はよく彼の黙示録の最初に置かれることがあり、そのため、デューラーの木版画を紹介するときには、この木版画からはじめることがあります。

この木版画はすでにここまでに何度も言及した『黄金伝説』にもとづくものです。平凡社版は四分冊で出版されておりますが、その第一分冊の第九章は「福音史家聖ヨハネ」の生涯を扱っており、そこに次のような記述が見られます。著者は中世の人物ですから、ヨハネ理解にはさまざまな混乱やナンセンス、そして時代錯誤などがありますが、まあ、お読みください。

使徒であり福音史家であったヨハネは、主の愛弟子《まなでし》であり、選ばれて童貞の肉体をもっていた。聖十二使徒が聖霊降誕のあと世界中に散らばっていたとき、ヨハネは、アジアに行き——ここでのアジアは小アジア、現在のトルコを指します——、その地に多くの教会を建てた。皇帝ドミティアヌスは——この皇帝は八一年から九六年まで在位しました——、それを聞くと、彼を捕まえさせ、ラティナ門と呼ばれているローマの門外で煮えたぎった油を満たした桶に投げ込むように命じた。しかし、聖ヨハネは、肉の汚れを知らずにこの世の道を歩いてきたとおなじように、火傷ひとつしないで桶から出てきた。皇帝は、ヨハネがなおも説教をやめようとしないのを見て、今度はパトモス島という遠海の島へ流刑した。彼は、その島にまったくひとりで住み、ここで『ヨハネの黙示録』を書いた。その年のうちに、皇帝は、その極悪非道のために弑逆《しいぎゃく》され、彼の命令は、元老院によってすべて取り消された。こうして、不当に流刑の身になっていたヨハネは、たいへんな敬意をもってふたたびエペソス市に迎えられた」

ここでお見せしているデューラーの作品は、繰り返しますが、『黄金伝説』にもとづくものなのです。ヨハネは大鍋の中に入れられております。いかにも熱そうです。ところが、この『黄金伝説』によれば、彼は火傷ひとつ負うことなく生きながらえたというのです。もちろんこの手の伝説は、ライオンの前に投げ出されてもライオンにかみ殺されることはなかったとするキリスト教側の聖者伝説と同じレベルのものです。ここでの大鍋による処刑方法は、デューラーの時代のもので、それが『黄金伝説』にもとづき、ヨハネに適用されているのです。左側の椅子に座って大鍋の中のヨハネに目をやっているのがローマ皇帝ドミティアヌスです。ドミティアヌスほかは異教徒のトルコ人として描かれております。それはその服装やターバンその他から分かります。

以上でデューラーの作品紹介は終わりとしますが、この『黄金伝説』にもとづく他の作品を紹介します。こちらのヨハネの処刑場面は、イタリアのストロッツィ聖堂で見ることができます（図6-31）。右下には大きな金属製の容器の中に油を入れている男が描かれております。ヨハネはクレーンで持ち上げられようとしております。彼の下に描

図6-31　シャルル・ル・ブラン、福音者聖ヨハネの殉教、1641-42年

かれた男はいつくばって火をおこしております。左には白馬が描かれておりますから、それにまたがっている人物はドミティアヌスとなります。

以上で、ヨハネの黙示録についての画像を使用しての紹介は終わりとしますが、最後に、西欧キリスト教徒に見られる時間理解について触れておきます。

キリスト教的時間観について

学問の世界ではよく、ギリシア人やローマ人の時間観とユダヤ・キリスト教の時間観の違いが対比されます。大雑把に言えば、ギリシア人やローマ人の時間観はらせん的なものであるが、それにたいしてユダヤ・キリスト教の時間観は直線的で、「はじまり」があり「終わり」があるとされるのです。「はじまり」があるというのは、創世記が天地の創造を語っているからです。そこに天地創造に伴う時間のはじまりとなる、「はじめに」という言葉が見出されるからです。この「はじめに」という言葉はヘブライ語でベレシットと申しますが、このヘブライ語の使用により、時間にははじめがあった、かのような印象を創世記はそれを読む者に与えます。天地創造のその瞬間には時間も誕生していたかのようです。その瞬間に「時間」は作動しはじめていたかのようです。作動した「時間」は永遠に作動しつづけるとは想像されなかったようです。それには終わりがあるとされたのです。

では、その終わりを教えたのは何なのでしょうか？ それがヨハネの黙示録であったとされるのです。ヨハネはその「時間」の終わりがキリストの再臨でもってはじまるとしました。終わりの始まりです。ヨハネの黙示録の著者はその終わりが近未来、いや明日にでも来るかのような書き方をしております。そのことを覚えておいてください。

しかし、創世記とヨハネの黙示録をもって、ユダヤ・キリスト教の時間観には、はじまりがあり終わりがある、とするのは問題です。すでに冒頭で見たように、ヨハネの黙示録は最初の数世紀のキリスト教徒のすべてが正典文書に取り込むことに同意したものではなく、ユダヤ教徒などは歯牙にもかけなかった文書だからです。もしこの黙示録がキリスト教徒の正典文書に入れられていなかったらどうなるのでしょうか？ ユダヤ・キリスト教の時間観には「はじめ」はあるが終わりはない、と結論付けることが可能とされますが、その結論に至る前に、ヘレニズム・ローマ時代のユダヤ人たちがどのような時間観をもっていたかが、紀元後一世紀のユダヤ人の物書きヨセフスをも含めて、議論されねばなりません。安直に、創世記と黙示録だけで議論してはなりません。

第7章　最後の審判

人間は自分の生涯の終わりについては何も分からないくせに、この世の終わりについてはあれこれと想像したり詮索したりいたします。

キリスト教徒もその例外ではありません。いや、キリスト教徒であればこそ、彼らはこの世の終わりや、最後の審判、復活、永遠の命などを妄想し、それについて身勝手なことを確信的に語ります。それは聖書の中にそれらの事柄に言及する箇所があるからです。それはキリスト教徒たちが聖書に書かれてあることをすべて真実で、聖書の預言や予告は必ず起こると信じているからです。それは彼らが預言や予告を信じなければ、復活の命に与れないと信じているからです。ここでの信仰のメカニズムは非常に誘導的ですが、その誘導のダメ押しとなるのは「信仰とはまだ見ぬものを信じることであり……」という新約聖書の有名な言葉です。これは牧師が善良な信者をたぶらかすとき、いや信仰の道を説くときに最後の拠り所とするアリガタイ聖句なのです。

マタイ福音書の第二五章

マタイ二五・三一―四六によれば、最後の審判のときには、人の子が栄光に輝いて天使たちをみなしたがえて（天から）やって来て、栄光の座につくとき、すべての民族の民を集めると、「羊飼いが羊と山羊を分けるように、彼らをより分け、羊を右に、山羊を左に置く」そうです。

難しい一文です。

ここでのイエスは自分を指して「人の子」と言っているようです。「わたしが天使たちをみなしたがえて……」と言えばよさそうなものを、勿体をつけているのでしょうか、「人の子が……」と言っているのです。この不思議な一人称は福音書のいたる所に出現いたします。もちろん、歴史のイエスはこんなもってまわった言い方はしなかったでしょう。

さて、イエスの口に託された言葉によれば、そのときの裁きで、羊の側に置かれる者たちは「永遠の命」に与れるそうですが、山羊の側に置かれる者たちは呪われた者たちで、そのため彼らは「永遠の劫火」の中に投げ込まれ、永遠の罰を受けるのだそうです。

羊と山羊。

みなさん方は、なぜこの二つの動物の間に区別があるのかお考えになったことがおありでしょうか？　モーセは羊飼いでした。ダビデも羊飼いでした。ま、そんなところから羊にはよいイメージが投影されているのかもしれません。一方の山羊ですが、「身代わりの山羊」という表現から分かるように、エルサレム神殿の大祭司は一年に一度、贖罪の日に、民が過去一年間に犯した罪を一頭の山羊に移譲してその山羊を、エルサレムの町を一部取り囲むベヒンノムと呼ばれる谷に突き落とします。ま、ここら辺りから山羊の悪いイメージが生まれてくるのでしょうが、それにしてもこれは山羊にたいする明白な差別です。聖書の世界は差別の世界ですが、そこはまた罪なき動物をも差別するのです。

ここでみなさん方にお伺いいたしますが、「永遠の命」とは何なのでしょうか？　マルコや、ルカ、ヨハネの記述からすると、どうもそれは復活の命のように思われます。要するに、イエスをキリストと信じ、生前によい行いをする者は、復活の命に与れるが、そうでない者はそれに与れないというわけでしょうが、ここでツッコミを入れれば、「復活の命」とは何なのでしょうか？　キリスト教徒の大半はイエスは復活したのだと信じます。彼らはまた、自分たちは復活のイエスを信じるのだから、自分たちもまた復活の命に与れるとしますが、ここにはとんでもない論理の飛躍がないでしょうか?

それにしてもキリスト教の信仰告白や神学では、「永遠の命」とか、「永遠の火」とか、「永遠の罰」とか、気恥ずかしくなるほどの「永遠」のオンパレードぶりです。「永遠」は、だれもいまだかつて体験したことのない時間の相だけに、無限に安堵的で、無限に空間的な広がりをもつと想像されると同時に、どこまでも強迫的で、どこまでも呪詛《じゅそ》的です。人を金縛りにするものです。人を恫喝したり震え上がらせるときに使用できるものです。ほかならぬマタイが、「悪魔とその手下のために用意してある永遠の劫火」という言葉を使って、山羊の側に置かれる者たちを震え上がらせているのです。わたしは永遠という言葉を使用するときにはつねに慎重でありたいと願っております。責任をもてないからです。そのためもあって、わたしは家内にいまだかつて「永遠の愛」を誓ったことがないのです。愛の持続力は最短で数週間、最長でどちらか一方が死ぬまでだからです。

さて、聖書によれば、あるいはキリスト教の説く所によれば、その永遠の命を得る前に、最後の審判が待っているそうです。

図7-1　ヴァリーニ、最後の審判（部分）、1293年

最後の審判の図像（1）

最初にお見せするのはイタリアの画家ピエトロ・カヴァリーニ（一二七三―一三三〇ころ活躍）が一二九三年に描いたものです（図7－1）。ローマのサンタ・チェチリア・イン・トラステヴェレ聖堂で見ることができるものです。縦三メートル二〇センチ、横一四メートルと馬鹿でかいフレスコ画です。画面の至る所に大きな剝落があるのが残念です。

復活したイエスは天に昇って今や「審判の座」「裁きの座」についております。イエスの頭には十字架入りの光輪が描かれ、彼と彼の座る審判の座は、楕円形の身光で囲まれております。イエスを取り囲むようにして天使たちが配列されております。先ほど読んだマタイでは、その日にはすべての天使たちをしたがえてやって来るとありまし

たが、ここで描かれていた天使たちの数は正確には何人だったのでしょうか？　一二は聖なる数ですから、多分、一二人の天使が描かれていたと想像したいものです。ここでのイエスの両足と両手、そして右の胸を見てください。十字架に打ち付けられたときの釘跡や、「聖痕」と呼ばれるローマ兵の槍でつかれた跡が、向かって左の心臓の下に認められます。イエスは癒されていない状態で、審判の座についたのですね。驚きました。わたしはイエスが復活して昇天するときには、これらの傷はどれもオキシフルやヨードチンキが塗布され、ペニシリン軟膏か何かが塗り込まれて癒されていたのではないかと想像しておりましたが、そうではなかったからです。

次はイエスの座る審判の座の右と左に侍る弟子たちです。最初にお見せするのはイエスの左側に侍る六人の弟子たちです（図7－2左半分）。左から三番目と五番目の弟子は十字架棒を手にしておりますが、他の弟子たちが手にしているものは何でしょうか？　これらの弟子が誰であるのか、わたしには分かり

図7-2　カヴァリーニ、最後の審判（部分）、1293年

ません。右端の弟子の右に立っているのはイエスの母マリアでしょう。『黄金伝説』によりますと、マリアもその死後天に上げられておりますから、イエスの至近距離に置かれてもおかしくありません。十字架降下の図でもマリアはマグダラのマリアと並んで十字架の下で、イエスに寄り添うようにして描かれておりますから、まあ、彼女がイエスとの至近距離に置かれるのもその辺りと関係しているのかもしれません。マリアを思い切ってイエスの隣に座らせたらどうなるでしょうか？

それにしても、ここでの彼女の役割は何なのでしょうか？ある解説書によれば、彼女の役割は人びとの執り成しをすることだそうです。イエスの育ての親ヨセフは描かれておりません。お気の毒にとしか言いようがありません。

右側を見てください（図7－2の右半分）。右から二番目の弟子と左端の弟子が十字架棒を手にしております。右から五番目の弟子は聖杯のようなものを手にしております。左端の弟子の隣に立っているのは誰でしょうか？　十字架降下の画像からの連想で言えば、ヨハネです。彼の役割も執り成しなのでしょうか？

ここでみなさん方にお尋ねいたします。

イエスが座る審判の座の左右にはイエスの十二弟子たちが描かれておりますが、ユダはイエスの裏切り者として脱落しているはずですから、ここには十一弟子が描かれていれば十分なはずです。しかし、十二人なのです。なぜでしょうか。使徒言行録の第一章によれば、マティアと呼ばれる人物がイエスの復活の証人として新たな使徒として補充されているのです。それにしても、イエスの弟子たちの中に「永遠の劫火」の中に投げ込まれる者はいなかったのでしょうか？　鶏が鳴く前に三度イエスを知らないと言ったペテロなどはどうなのでしょうか？　確か、ゲッセマネの園でイエスが祈っているときにも眠りこけておりました。こうした行為は、イエスを「銀貨三〇枚」で売ったユダ以上の「裏切り」ではなかったでしょうか？

では次に、パドヴァのスクロヴェニ礼拝堂に描かれたフレスコ画に目を転じてみましょう。

お見せするのは正面の壁画です。これこそは和辻哲郎が『イタリア古寺巡礼』で触れているジョット・ディ・ボンドーネ（一二六七―一三三七）の手になるものです。みなさん方の中にはこの絵なら知っていると言う方もおられるのではないでしょうか？　審

図7-3　ジョット、最後の審判（部分）、1306年

判者イエスは、光輪ばかりか、ド派手な「身光」で囲まれております。拡大してみます（図7-3）。その身光の外側には左右六人、計一二人の天使が配置されていることが分かります。これから類推すれば、またジョットがカヴァリーニの影響を受けた事実を踏まえてここから類推すれば、最初にお見せしたカヴァリーニの天使たちの数も一二であったと想像されるのです。イエスの背景は黄色ですが、それは、ヨハネの黙示録によれば、イエスが太陽を身に帯びているからです。わたしはこの絵の、

少なくともこの部分を醜悪なものだと見なしますが、みなさん方の美的感覚はこれを受け入れるでしょうか？

この絵の全体を見ますと、審判者イエスの左右にはそれぞれ六人の弟子が配置されております。彼らの上に描かれている大ぜいの者たちは、翼をつけております。この者たちは天の合唱隊のメンバーなのでしょうか？　それともこれは、ヨハネ黙示録の第四章にしたがって、天上の礼拝を描いているのでしょうか？

身光につつまれたイエス・キリストの下に描かれているのは十字架ではなくて、永遠の命を与えるべきか、それとも永遠の罰を与えるべきかが量られる鑑別用の秤《はかり》ではないでしょうか？　左側には間違いなく「喜び組」の者たちが、右側にはそうではない「落胆組」「愕然組」の者たちが描かれております。

目を上方に転じると、ヨハネの黙示録の第四章にしたがって、古い天が閉じられて新しい都エルサレムの城壁が姿を現しているところが描かれております。同書の第二一章によれば、この新しい都エルサレムでは、神の栄光が宝石のように輝き、都を照らしているので、もはやそこを照らす太陽も必要ないそうです。この天上の左には太陽が、右には月がそれぞれ小さく描かれておりますが、それが不必要になることは、右と左の守護天使か何かが天の扉を閉じようとしていることからも分かります。

図7-4　フラ・アンジェリコ、最後の審判（部分）、1432-35年

次にお見せするのはフラ・アンジェリコ（一三八七―一四五五）が描いたものです（図7―4）。ここでも裁きの座についているイエスは天使たちから成る奇妙奇天烈な身光で囲まれ、さらにそれを別の天使たちが取り囲んでおります。大ぜいの天使たちの一番下の部分には、喇叭を吹く天使が二人描かれております。この二人の天使は「審判のとき」が来たことを告げているのです。パンパカパーンとね。天使たちの左にはマリアが、そして右にはヨハネが描かれております。マリアの左とヨハネの右には弟子ばかりか、聖人たちも一三人ずつ描かれております。

画面の中央には正方形の穴がいくつも開いた縦長の共同墓地のようなものが描かれております。その手前には、蓋の開いた棺桶が見られます。墓から出てきた者が裁かれることを示しております。彼らは鑑別されて、左の天国に行く者と右の地獄に行く者とに分かたれております。左では喜び組が踊っております。「キリストさまはわたしの罪を目こぼしなさった」と言ってはしゃぎながら踊っているのでしょうか?

右下では突き棒をもった悪魔たちが、ダメ組の者たちを地獄に追いやろうとしております。カトリックの歴史を俯瞰しますと、中世以降、幾多のワル教皇が輩出されます。その遺骸を墓から掘り起こされ、ステファヌス六世によって裁判にかけられた教皇フォルモススなどです。彼らはもちろんこのダメ組に入ると想像したいものです。いや、そう期待したいものです。

さて、脱線しましたが、次のものはヤン・ファン・エイク(一三九五―一四四一)作とされている「最後の審判」で、ニューヨークのメトロポリタン・ミュージアム・オブ・アートで見ることができます(口絵4)。この絵と十字架処刑の絵が三連祭壇画の左右のパネルを構成するものですが、中央のパネルは失われております。中央の中ほどで剣を振りかざしているのが大天使のひとりミカエルです。

このミカエルの右には海が、その左には陸地が描かれております。海では地獄行きの者たちが溺れております。この者たちはシンクロナイズド・スイミングの練習をしているのではありません。他方、陸地では審判を受けるために墓から甦った人たちが描かれております。ミカエルの足下には地獄が描かれております。両足を大きくひらいた骸骨に化けたサタンの下の部分が地獄です。サタンは、地獄に落ちた者がそこから這い上がって逃げ出さないように両手を大きく開いております。地獄はラッシュ時の通勤電車並みに超過密ですが、それは見る者に、その者が地獄におちる確率は天国に行く確率よりはるかに高いものであることを教えるものになっております。中世の人びとはこうした絵を見ては震え上がり、地獄に落ちないように日々精進したわけです。わたしはこれを「絵画による恫喝行為」と呼んでおりますが、一部の美術史家の顰蹙を買っております。顰蹙を買うのはわたしの生き甲斐のひとつとなっております。

似たような構図のものに、ベルリンの国立美術館で見ることができるペトルス・クリストゥス（一四一〇ころ—七三）の作品があります。これも三連祭壇画を構成するひとつのパネルです。他のひとつは受胎告知と誕生の場面を描いたものですが、中央のパネルは失われております。

次はドイツの画家シュテファン・ロホナー（一四四二—五一ころ活躍）がケルンのタウン・ホールのために描いたものです（図7－5）。画面の左側では天国の建物の中に入

図7-5　シュテファン・ロホナー、最後の審判、1435年頃

って行く者たちが描かれております。この絵を見ておりますと、「結構天国に行ける人も多いんだ」と安心します。この絵が掛かっていた町役場に年金か何かの相談でやって来た人びとに希望を与えます。それにしても天国のキリスト様は貧相です。わざわざ天国に行ってこんな貧相な男に会いたいものなのでしょうか。

こちらは、ハンス・メムリンク（一四三〇―九四）が描いた三連祭壇画です（図7－6）。これは当時のブリュッへ（現在のブリュッセル）のメディチ家の代理人ヤコーポ・ターニの依頼で描かれたものです。右のパネルには地獄に突き落とされ、劫火で身を焼かれる罪人たちが、さまざまなポーズで描かれ、左のパネル

図7-6　ハンス・メムリンク、最後の審判、1467-71年

には天国に行く者たちが描かれております。ここでのキリストは虹の上に座っております。その両足は黄金の球体の上にあります。十二弟子やイエスの母マリアとヨハネがイエスを取り囲んでおります。イエスの真下には、槍を手にする大天使のミカエルが立っております。彼の足が置かれる地の右は不毛ですが、左は緑です。ミカエルは右手に十字架棒を持ち、左手に選別用の天秤を持っております。その二つの皿の上には裸の男と女がのせられております。男の方の皿がはね上がり、女の方の皿が下に落ちており、皿の上の女は安堵の合掌をし、男の方へ目をやっております。

ここで少しばかり脱線して最後の審判の中でしばしば描かれる天秤についてお話を

図7-7 「死者の書」

いたします。

正義と不正義は天秤にかけて量られるようです。わたしなどに言わせれば、正義や不正義は観念にすぎないのであって、それ自体には重量はないのですが、そうではないようです。重さがあり、それは量られるというのです。このアイディアはエジプトの「死者の書」辺りから来るものですが（図7－7）、それがキリスト教の最後の審判の中にも入り込んでおります。

ここでだれでも知っている一枚の絵をお見せいたします。

ワシントンのナショナル・ギャラリー・オブ・アートが所蔵するヨハネス・ヤン・フェルメール（一六三二―七五）の「天秤をもつ女」です（図7－8）。「真珠を量る女」とも

図7-8　フェルメール、天秤をもつ女、1662-63年

呼ばれる作品です。わたしたちがこの絵を見るときに注目するのはここで描かれている美しい女性、あるいはこの女性が手にする天秤でしょうが、この絵には宗教的なメッセージが込められております。みなさん方はお気づきになったでしょうか？　この女性の背後の壁に掛けられている大きな額縁入りの絵は何でしょうか？　これは、ここまでお見せしてきた「最後の審判」の絵なのです。そのことはこの絵の構図から明らかです。わたしの見るところ、ここで描かれている女性が手にする天秤は、彼女の背後にある絵「最後の審判」から飛び出してきた天秤です。大天使ミカエルが手にする天秤なのです。この絵が「真珠を量る女」と呼ばれても、ここでの天秤は真珠の計量用のものではありません。この絵の女性が真珠売りの女性であればともかくも、そうでなければ、女性が日常的な行為として真珠を計量することはありません。そうでないもうひとつの証拠は、これはすでに指摘されている事柄ですが、この天秤の皿の上には分銅も真珠も置かれていないことです。ですから、この天秤の意味は画中画の「最後の審判」と結び付けて解釈されねばなりません。

次にこの女性の腹部のせり出し具合と顔の表情に注目してください。彼女は間違いなく妊娠しております。彼女の顔の表情は浮かぬものです。フェルメールの描く他の女性の生き生きとした表情と比較しますと、その差は歴然としております。この絵を展示する美術館の案内書は、彼女が妊娠していることを認め、彼女が母親になろうとしていると理解しておりますが、それならば彼女の表情には喜びが認められねばなりません。この女性は、結果として母親になってしまうかもしれませんが、不倫をはたらき、身籠もってしまったその結果に愕然としているのです。彼女は「最後の審判」が自分に待ち受けていることを承知しているのです。それを暗示するのが、彼女の右手がもつ天秤なのです。

みなさん方、この絵に新しい題を付けてみてください。

わたしがこの絵に題をつけるとしたら「最後の審判に思いを馳せる女」、あるいは「不倫の喜びと最後の審判の恐怖を天秤にかける女」です。天秤の宗教的意義を認めれば、このような題にならざるを得ないのです。この絵を理解するのに助けになる書物があります。それは阿部謹也さんの『西洋中世の男と女』(ちくま学芸文庫)です。ユダヤ教やキリスト教を引き合いにだして、中世社会における聖性の形成と呪縛を論じた秀逸な著作です。最近では池上英洋さんがお書きになった『恋する西洋美術史』(光文社新書)もなかなかのものです。西洋キリスト教社会の男女関係の偽善などを知った上で、フェルメールの「天秤をもつ女」をもう一度見てみると、また別の発見があるかもしれません。

余計なことをもう一言付け加えます。この絵をよりよく理解しようと、わたしは最近、『フェルメール全点踏破の旅』（集英社新書、朽木ゆり子著）を読んでみました。この本では、画中画が「最後の審判」を描いたものであると指摘しており、それは正しいのですが、その「最後の審判」について「左側では地獄で人々が苦しんでいる様子が描かれている」と書いております。しかし、最後の審判の画像では「右側に地獄に突き落とされる者たち」が、「左側に天国に行く者たち」が描かれるのが定石で、この構図に例外はないはずです。この本はまた、ルーブルの「天文学者」と題するフェルメールの作品についても、そこでの画中画を「モーセの発見」すなわち「水辺で拾われるモーセ」だと指摘した上で、このモーセと右手で天球儀に触れている天文学者との「接点」について触れ、「彼女（ファラオの娘）はこの子にモーセと名をつけ、育て上げる。モーセは非常に頭のいい子に育ち、天文学にも造詣が深く、後に星の運行をたよりにユダヤ人奴隷をシナイ半島へ卒いていく。これが、モーセと天文学者の接点の一つだ。……モーセの天文学的知識がかならずしも当時の学問体系的なものではなかったことから、この絵で示されている〝天文学〟とは、天上、すなわち神に達する手段という意味ではなかったか、と宗教という観点から理解しようとする学者もいて、解釈は様々だ」と書いております。このくだりには間違いがあります。著書は、モーセが星の運行をたよりに「ユダヤ人奴隷」をシナイ半島へ導いたと書いておられますが、出エジプト記によれば、モーセがファラオの圧政に苦しむ「イスラエルの民」をシナイ半島まで導き出すにあたっては星の運行をたよりにしたのではなくて、「昼間は雲の柱を、夜は火の柱」をたよりにしたのです。わたしはヘレニズム・ローマ時代の物書きたちがモーセをどう描いてきたかをよく承知しているつもりですが、カルデア出身のアブラハムをエジプトに天文学を伝えた人物として理解されることはあってもモーセと天文学を結び付けた物書きはおりません。

長い脱線となりました。絵に戻ります。

さて、このメムリンクの三連祭壇画の左右のパネルを閉じますと、左の裏パネルには聖母子が、また右の裏パネルには大天使ミカエルが灰色の濃淡のあるモノクロームで、また聖母子の下にはヤコーポ・ターニが、ミカエルの下には彼の妻がちゃっかりと描かれております（図7－9）。奥さんの左に描かれているバッグみたいなものは何でしょうか？ 固い材質でつくられております。

ヒエロニムス・ボッス（一四五〇－一五一六）は三連祭壇画の中央パネルに最後の審判を描いております。左側のパネルには緑したたるエデンの園が描かれております。この左のパネルの力点がアダムとエバの誕生でなく、蛇の誘惑に引っかかるアダムとエバでもなく、二人の楽園からの追放にあれば、それは人類にくだされた最初の審判と言い

図7-9　ハンス・メムリンク、三連祭壇画の裏パネル、1467-71年

うるものです。もしそうであれば、中央と右のパネルが最後の審判を描いたものですから、全体が人類の審判というモチーフでまとめられたものであると重々しく解説することが可能となります。

最後の審判の場所は？

ところで、みなさん方にお尋ねしたいことがひとつあります。

最後の審判の舞台となる場所はこの地球上のどこなのでしょうか？

旧約聖書にヨエル書と呼ばれる、紀元前六世紀の捕囚後に書かれた文書があります。どの文学ジャンルに入れていいのか分からない奇妙な文書のひとつですが、その第四章は国民の裁きについて書き記しております。その一節と二節には「見よ、ユダとエルサレムの繁栄を回復するその日、そのとき、わたしは諸国民の民をみな集め、ヨシャファトの谷に連れて行き、そこで、わたしは彼らを裁く」とあります。一二節には「諸国の民が奮い立ち、ヨシャファトの谷に上ってくると、わたしはそこに座を設け、周囲のすべての民を裁く」とあります。

このヨエル書の記述から、西欧のキリスト教徒たちは最後の審判の場所を想像するのです。彼らは最後の審判がヨシャファトの谷で起こると固く信じております。ヨシャフアトは「主の裁き」の意ですから、地名としてはデキすぎです。まあ、ない知恵を絞って適当にでっち上げた地名なのでしょうが、西欧のキリスト教徒たちはそれをれっきとしたパレスチナの土地の名前だとしてきました。キリスト教の信仰は「はい、信じる者は救われる」の世界ですから、最後の審判のときも、それはヨシャファトの谷で起こると信じて、自らは救われた気持ちにひたるのです。

最後の審判の図像（2）

これはヤン・プロフォスト（一四六五―一五二九）がベルギーのブルージュのタウン・ホールのために描いたものです（図7―10）。現在はその地にあるグルーニング美術館で見ることができます。非常に装飾性の高い、縦一メートル四五センチ、横一メートル六九センチの額縁に収まったこの絵は、それなりに見応えのあるものです。中央には太陽を身にまとったイエスが大きな光輪の上に座っております。十字架も描かれております。十字架の上の書物は、ヨハネ黙示録ではないでしょうか？　十字架の左隣にいて青の着衣の女性はイエスの母マリアで、十字架の右隣にいる人物はヨハネです。ここでのヨハネはイエスの先駆けとして十字架棒を持っており、さらに「この世の罪を取り除く子羊」、すなわちキリストを象徴する羊を膝の上においております。マリアの後ろ

図7-10　プロフォスト、最後の審判、1525年

に控えている人物は天国の鍵を右手に持ち、左手で指しておりますからペトロとなります。イエスの左右の人びとは救われることが約束されている、あるいはすでに救われている「安心組」ないしは「喜び組」でしょう。この人たちは聖職者たちでしょう。イエスの右側の聖職者のひとりは、十戒が刻まれた二枚に割れた石板を手にして、イエスの方に目をやっております。イエスの登場で十戒が無効になったことを確認しているかのようです。聖職者たちの下で跪いて嘆願している姿を取っている男女は一般の人たちなのでしょうか？　それともカトリックの僧侶や尼さんでしょうか？　左側の黒衣の女性は布を広げており、その右にはその布に手をやっている上半身が裸のうつむいた女性がおります。この二人の女性の所作の意味がわたしには分かりません。右端には地獄行きの者たちが描かれております。その数は非常に少ないのではないでしょうか？　プロフォストは似たような絵をもう一点描いております。

フランドルの画家ピーテル・プルビュス（一五二三—八四）が描いた作品は、前作と同じくグルーニング美術館で見ることができます。こちらは本来ブルージュの町役場のために一五五一年に描かれたものです。この絵はそれよりも一〇年前に完成されていたローマのシスティーナ礼拝堂のミケランジェロのフレスコ画からインスピレーションを得ていると解説されます。ミケランジェロはもう少し先に行ってから取り上げます。

ピーテル・パウル・ルーベンス（一五七七―一六四〇）はファルツ・ノイブルクのウォルフガンク・ウィルヘルム公爵の注文で、ノイブルクのイエズス会の教会の祭壇画として最後の審判を描いております。キリストの左右に描かれている聖人たちの中にはカトリックの修道会イエズス会の創始者であるイグナティウス・デ・ロヨラ（一四九一―一五五六）がいるかもしれません。

同じような絵を見ていても退屈です。精神衛生上もよくありません。気分転換に時禱書をひもといてみましょう。

時禱書に描かれた最後の審判

最初にお見せするのは、一五世紀の半ばごろにベルギーのゲントでつくられたとされる時禱書の中の詩篇の挿絵として描かれたものです（図7－11）。イエスが二重の虹の上に座っております。イエスを取り囲むのはマリアとヨハネ、それに裁きのときの到来を告げる喇叭を吹く二人の天使たちで、イエスの足下には十二弟子が彼を見上げております。十二弟子の下には、裁きのために墓から甦りの体を出している者たちが描かれております。左側に描かれているテントは天国を象徴すると思われるのですが、そのテントの前には救われた者たちが描かれており、また右側のほぼ同じ高さの場所に目をやり

図7-11　（右上）ゲントの時禱書、1490年頃
図7-12　（左上）ヴィレム・ヴレラン、ゲントの時禱書、1460年代前半
図7-13　（下）ヴィレム・ヴレラン、ゲントの時禱書、1460年代前半

ますと、そこには地獄に落ちて行く者たちが描かれております。

同じく一五世紀の中ごろにブルージュでつくられたものをお見せいたします。この二つがそうです（図7－12、7－13）。前者の挿絵では虹の上に座っているイエスの足下で両手を頭の上にのせて、海の中に入っている者たちが描かれております。ここでの海は地獄のことです。後者の挿絵では、墓の中から甦った三人の女性が地獄に投げ込まれようとしております。その地獄とは自分たちが出て来た墓で、そこではすでに彼女たちを焼き尽くそうと劫火が待ち受けております。それにしてもなぜここでは女性たちだけが描かれているのでしょうか？　これはわたしの推量ですが、時禱書がしばしば貴族の女性たちのためにつくられることが多かったことと関係するようです。

クリストファー・プランタン特注の最後の審判

これは三〇歳の若さで亡くなったヤコープ・デ・バッカー（一五五五―八五）が制作した三連祭壇画で（図7－14）、アントワープの著名な印刷工場の持ち主クリストファー・プランタンが、自分の死後にその地の聖堂に飾るようにと特注したものです。この注文主は一五九一年に亡くなっておりますから、この絵はそれ以前に描かれたことになります。一般には一五八〇年ころとされております。

図7-14　ヤコーブ・デ・バッカー、最後の審判、1580年頃

図7-15　クリストファー・プランタン肖像

中央パネルの上部に描かれたキリストの両サイドには聖人たちの姿が認められますが、左のグループには青い服のマリアと赤い服のヨハネが描かれております。この組み合わせは十字架を描くときのものです。イエスの足元には喇叭を吹く三人の天使が描かれております。さらにその下には天上の法廷が与えた判決文の内容を実行する二人の天使が描かれております。そのひとりは剣を振りかざして、地獄行きの者たちを追い払っております。もうひとりは永遠の生命を与えられた者たちを天上へ上げようと手を貸しております。地上の右半分の人たちは地獄に行く者たちでしょうが、左半分は天国へ行く者たちでしょう。

左のパネルに目をやってください。右下隅の祈禱台に跪いているのがこの絵の注文主であるプランタンです。この人物の画像を別にお見せいたします。これがそうです（図7－15）。

元の絵に戻りますが、クリストファー・プランタンの左にいる子は幼くして亡くなった彼の息子で、同じ名前のクリストファーです。彼の上に描かれているのは聖人のクリストファーだそうで――わたしは聖人には興味がないので、この人物については調べておりません――、その肩には幼子イエスが乗っかっております。

右側のパネルには彼の妻と六人の娘が祈りを捧げております。修道女たちではありません。この娘たちの後ろにいて子羊を抱いているのは洗礼者ヨハネです。彼は彼女たちの守護聖人です。

ミケランジェロの最後の審判

「最後の審判」とくれば、ミケランジェロ（一四七五―一五六四）です。彼はシスティーナ礼拝堂の壁面にその場面を描きました。彼は一五一二年にシスティーナ礼拝堂の天井画「創世記の天地創造」を完成させております。わたしはこの絵についての解説を、『旧約聖書を美術で読む』（青土社）に記しておりますので、興味をお持ちの方はそちらをお読みください。

ミケランジェロはこの天井画を完成させた後に「最後の審判」に取りかかりました。「創世記の天地創造」を完成させてから二四年後のことです。システィーナ礼拝堂の正面に壁画をと構想したのは、教皇クレメンス七世で、その制作依頼をしたのは次の教皇パウルス三世です。この絵は一五四一年に完成されます。これらのことはみなさん方がすでにご承知のことと思われます。

次がみなさん方お馴染みの最後の審判です（図7―16）。

ヴァチカンまで足を運ぶ時間がない方は、徳島県鳴門市の大塚国際美術館を訪ねてみ

図7-16　ミケランジェロ、最後の審判、1512年

てください。そこでは陶板製のものが見られます。こちらのよいところは、何しろすべてが陶板ですから、おさわり自由なところです。見回りの監視員もおりません。おさわり自由、監視員ゼロの美術館は、世界広しといえど、ここだけではないでしょうか？それからわたしは見ておりませんが、京都府立「陶板名画の庭」でも「最後の審判」が見られるそうです。ここでの陶板画は一九九〇年当時の最後の審判の色彩状態を再現・保護しているそうです。日本人はミケランジェロ好きなのですね。

さて、ここでの審判者キリストは「ギリシア彫刻のように若々しく描かれている」と評されたりしますが、マッチョです。マッチョ・キリストです。その左手の向かう方向には救われた者たちが描かれております。イエスの左隣にいるのはマリアです。マリアはなぜ目を逸らしているのでしょうか？　気になります。イエスの右下には聖バルトロマイが描かれております。バルトロマイは生皮を手にしております。彼は生きながらにして生皮をはがされた殉教者だそうですから、こういう絵になるわけです。もっとも、この生皮の人物の顔はミケランジェロの顔であるとされます。

画中のペトロは、天国の鍵を手にしておりますから、探し出すのは容易です。

拷問器具を運ぶ天使たちも描かれております。最後の時が刻一刻と近づいているかのようです。

最後の審判のときを告げるために喇叭を吹く天使たちや、天国行きの人の名が記された名簿を読み上げる天使、地獄行きの者の名が記された名簿を読み上げる天使も描かれております。よく注意して見ると、地獄行きの者たちの名簿の方が天国行きの者たちの名簿よりも大きいのです。ということは、地獄行きの者たちの方がはるかに多いということです。そこにはカトリックのダメ教皇の名前なども記されていて名簿が膨んだということです。

最後の審判を受けるために墓から甦る死者も描かれております。せっかく墓の中で久遠の眠りについていたのに起こされてしまいます。ここでの人間は原初の人間に戻っているかのようです。イエスによって祝福されて天に昇って行く者たちも描かれております。天国といっても広うございますが、どの辺りまで昇りつづけるのでしょうか？ビッグ・バンか何かに吸い込まれねば幸いです。

地獄へ突き落とされる者たちも描かれております。天国に昇って行く者と地獄へ落ちて行く者がすれ違う場面もあります。わたしは先日高尾山にケーブルカーで昇りましたが、この絵を見ておりますと、上りのケーブルカーと下りのケーブルカーのすれ違う場面を思い起こします。現代の画家に、天国行きのがらがらのケーブルカーと地獄行きの満員のケーブルカーを描かせてみたら面白いのではないでしょうか？

地獄行きを命じられた者たちをそこに追いやろうとして櫂《かい》を振りかざしている三途の川の渡し守りであるカロンも認められます。このカロンはダンテの神曲に登場しますが、もともとはギリシア神話に登場するものです。天からも地獄行きの者たちが落ちてきております。

聖書に無関係のミノスも登場いたします。ギリシア神話からです。ミケランジェロがこのミノスを描いたことで、教皇に苦言を述べたアホバカ儀典長がいたそうです。この儀典長はまた、ミケランジェロの描く人物は裸体が多かったので、まなじりをけっして「着衣させる」ことを要求したそうです。こんな儀典長に限って、愛人を何人も囲っていたりしたりして。いずれにしても、ミケランジェロは自分の絵を理解しなかった儀典長を地獄に追いやられた人物のひとりとして描いているそうですが、それがどれなのかわたしには分かりません。

以上をもって最後の審判についてのお話は終わりといたします。この章は前章のヨハネの黙示録とよく連動するものです。そちらともう一度合わせ読まれることをお願いします。

ウェブから世界の名画を引きだそう

自宅の居間や書斎で、パソコンの前に座りさえすれば、ウェブで、一瞬にして、名画を収蔵している世界の美術館を訪問し、その訪問先から、名画を引き出すことができます。そればかりか、それを保存することもできます。自分自身の美術書をいとも簡単につくることができます。

ウェブにはそれこそ掃いて捨てるほど美術関係のサイトがあります。大切なのはひとつのサイトに習熟することです。ひとつに習熟すれば、あとは応用です。ウェブ・ギャラリー・オブ・アート（Web Gallery of Art）を「基礎篇」として活用できるようにしてみましょう。ここでの画像にはコピーライトはついておりません（他のサイトではコピーライトがついていることがありますからご注意ください。画像を拡大してぼやける場合がありますそれはコピーライトが付いているからです。無断で使用することはできません）。

ウェブ・ギャラリー・オブ・アートから取り込むには

グーグル（Google）です。

(1) グーグルのサイトを開いてみてください。

画面の左上に小さな活字で「ウェブ、画像、地図、ニュース、グループ、メール……」と書かれております。「ウェブ」の文字が少しばかり太ゴチ（太いゴチ七文字）で出ております。「今それが使えますよ」という合図です。画像を最初から検索したければ、「画像」の文字をクリックしてください。「画像」の活字が太ゴチになるはずです。今から行う検索では「ウェブ」ですので、太ゴチのままにしておいてください。

(2) それでは、中央に文字を入れる一〇センチ弱の横長のますがありますが、そこにWeb Gallery of Art と打ち込んでみてください。活字は英文なので半角にしてください。全部を大文字で打ち込んでも、小文字で打ち込んでしまっても平気です。チャンポンでも構いません。打ち込んだら、その下にある「Google 検索」をクリックしてください。Web Gallery of Art の画面が表示されます。

(3) 最初に現れ出るのは、多分、Web Gallery of Art, image collection, virtual museum, searchable... ではないでしょうか？

これをクリックしてみましょう。簡単です。接続しました。もうみなさん方は「入場無料」のギャラリーの前に立っているのです。左上にウェブ・ギャラリー・オブ・アートの自己紹介が書かれております。英文に不慣れの人のために訳してみましょう。「ウェブ・ギャラリー・オブ・アートはヴァーチャル美術館で、またゴシック、ルネサンス、バロック、新古典主義、ロマン主義の各時代（一一〇〇—一八五〇）のヨーロッパの絵画や彫刻の検索可能なデーターベースです。現在のところ収録しているものは二万一三〇〇点です。絵画の説明やアーチストの生涯を知ることができます」とあります。画面の右には赤い帽子をかぶった中世の画家が描かれており、左の自己紹介の文面の下には白抜きで、「こちらから入場」（ENTER HERE）とあります。入場する前に「お気に入り」に登録してはどうでしょう。ウェブ・ギャラリー・オブ・アートの頭文字、WGAとでも入れれば、なんとなく素敵ではありませんか。次からはデスクの画面のWGAをクリックすればすぐにギャラリー前です。

(4) では、入場しましょう。

ENTER HERE をクリックしてください。「ギャラリーにようこそ」（Welcome to the Gallery !）とあります。ギャラリーはみなさん方の入場を心待ちにしていたのです。右側に一枚の絵が置かれております。小さな裸の石膏像か何かを手にした女性と彼女を描いているアーチストの絵が見えます。またまた英文です。英語力のある人は丁寧に読んでみてください。

どのギャラリーや美術館でもそうでしょうが、わたしたちは入場した途端、気分は高揚します。ギャラリーや美術館の来歴などは無視して絵に直行しましょう。

どうすればよいのでしょうか？
(5) 画面の一番下に目をやってください。
ARTIST INDEX とあり、その右横にAからZまでが|A|B|C|D|……と大文字で書かれております。画家の名前がアルファベット順に検索できます。ちなみにAをクリックしてみてください。冒頭に来るのは、AACHEN, Hans von です。一六世紀末から一七世紀の初頭にかけて活躍したドイツの画家です。この人の名前の所にカーソルを移してクリックしてみましょう。AACHEN, Hans von の下に German painter (b. 1552, Koln, d. 1615, Praha) とあります。German painter とありますから、この画家がドイツの画家であることが分かります。次は括弧の中です。冒頭の b. は「生まれた」を意味する born の略号で、d. は「亡くなった」を意味する died の略号です。つまりそこには（ケルンで一五五二年に生まれ、プラハで一六一五年に亡くなった）と書かれているのです。この画家について知り得る最小の情報です。画面は三つに区切られ、左の欄には Preview に絵が見られます。その隣の欄には Picture Data とあります。そこにはこの

画像についての最初の情報が記されております。Allegory, 1598, Oil on copper, 56 x 47cm, Alte Pinakothek, Munich とあります。この絵の主題が「寓意」であることが分かります。この絵が一五九八年に描かれたものであることが分かります。この絵が青銅版の上の油絵であることが分かります。この絵が五六×四七センチの小振りの作品であることが分かります。この絵の所蔵先が現在ミュンヘンのアルテ・ピナコテク（バイエルン国立絵画館）であることが分かります。次の右横の欄には File Information がありますが、これは完全無視といきましょう。その右横の Comment に小さな青地の四角の中に白抜きの i の文字が見えます。インフォメーションの i なのです。イギリスやヨーロッパの町や村を訪ねますと、i のサインの入った標識を見かけます。その標識を掲げたオフィスに立ち寄れば、その町についての情報を得られます。簡単な地図を手に入れることもできます。それと同じで、Comment 欄に i の文字が見られたら、そこをクリックしてみてください。この絵についての情報をそこから得ることができるのです。二枚目の絵には i がついておりません。その絵については詳しい情報はないということです。それでは次の段階に進みましょう。

(6) Preview の所の画像にカーソルを移動させ、クリックしてみてください。一瞬にして大画面となります。この絵が気に入ったら、保存してください。画面の左上に保存のマークが出ますから、そこの指示にしたがうのもよいでしょうが、画像を画面にまでカーソルで引っ張っていくこともできます。そのとき「このゾーンからファイルを移動したり、コピーできるようにしますか?」の問い合わせが画面に出ますから、「はい(Y＝Yes)」をクリックしてください。画面への移動が完了です。もしこの「寓意」の画像がとても気に入ってしまった場合には、印刷(プリント)しましょう。わたしの場合ですと、i欄を開いて、その頁を丸ごと印刷することもあります。ではさらに先に進みましょう。

(7) ARTIST INDEX のさらに下に目をやってください。そこに QUICK SEARCH とあります。「瞬時の検索」という意味です。その横に、AUTHOR(制作者)と白枠が、TEXT と白枠が、TIME FRAME(年代枠)と白枠が、FORM(形式)と白枠が続き、さらにその右に白抜きで SEARCH(検索)と CLEAR(消去)が見られます。

制作者の名前を入れる白枠には見たい画家の名前を入れてください。ここから先の難は英語を使用しなければならないことです。たとえばジョットです。ジョットのスペルはどうだっけという人が多いのではないでしょうか? あきらめてはおしまいです。ジョットが J ではじまるのか、G ではじまるのか、迷う方がおられるかもしれませんが、迷った場合には両方を試すしかありません、一段上の ARTIST INDEX の J をクリッ

クするかＧをクリックしてみてください。Ｊでは出て来ません。Ｇのところで挙げられている名前を上から下に追っていきますと、GIOTTO di Bondone が正しいスペルだと分かります。名前の右横に（1267-1337）とあります。生年と没年です。制作者の名前を入れるときには Giotto だけでかまいません。大文字で入れても小文字で入れても、チャンポンでもかまいません。もしここでジョットの作品であれば何でも見たいというのであれば、名前を入れた後で、検索（SEARCH）に進み、そこをクリックしてください。左上に Author : Giotto（制作者：ジョット）と書かれ、その下に 295 pictures found, 20 shown (1-2)（二九五点の画像が見つかりました。最初に1から20の二〇点をお見せします）と書かれております。二九五点のジョットの画像を瞬時に見ることができるのです。最初に置かれているのは一三〇〇年ころに描かれた「キリストの昇天」と題するフレスコ画です。大きな剝落が認められる痛ましい絵です。画像を大きくするやり方はすでにお教えいたしました。この「コメント欄」にはiマークが付いておりますから、そこをクリックしますと、この絵の情報が書かれております。下方の二〇点目に到達しますと、1|2|3|4|5|6|7|8|9|10| Next Page とありますので、|2|をクリックしてください。|2|を見終わったら|3|に行きましょう。

　ジョットの生年は一二六七年で、没年は一三三七年でしたので、any と書かれている

TIME FRAME（年代枠）のクリック・ボタンの箇所をクリックしてみてください。すでに見たように、このギャラリーは一一〇〇年から一八五〇年までの作品を収蔵してありますから、そこでの年代枠は五〇年刻みです。一二五一年から一三〇〇年までのジョットの作品が見られるかどうか、カーソルをその年代に合わせてクリックした上で、検索をクリックしてみましょう。No pictures found（該当画像なし）と出ます。ジョットの三三歳までの作品は収蔵されていないことが分かります。ジョットがその年齢に達するまで、何も描いていなかったのか、その辺りのことは分かりません。それについてはジョットの画集か何かで調べるしかありません。しかし、そこまで行くのは専門家です。わたしたちはこのギャラリーに収蔵されている作品を楽しめばよいのです。年代枠の右横には FORM（形式・様式）とあります。そこもクリックしてみましょう。通常は any（項目選ばず）であっても、画家の中には彫刻をする器用人もおります。彫刻家の中に絵を描く人もおります。ジョットは彫刻を残しておりませんが、モザイク画は残しております。二九五点ある作品の中でモザイク画を捜しだすのは大変です。検索中に看過するかもしれません。それを回避するためには、mosaic の所をクリックしてください。彼が一三〇五年から一三一三年にかけて制作した三点の作品が見られますが、よく見ますと、そのうちの一点は油絵で、もう一点はペン画です。こういう間違いもありますので、注意は必要です。

この下の段でまだ開いていない白枠があります。それは TEXT と記されている箇所です。二九五点の絵を引き出し、時間をかけてじっくりと鑑賞するのは至福のひとときですが、そんな時間はないよという人がおられるかもしれません。そのときはこのテクスト枠を利用して主題別に検索することです。ジョットは中世の画家です。聖書中の主題に取り組んだ画家です。ですから、新約聖書ですと、「処女降誕」のような主題を考えてみましょう。ところで、この主題ですが、それも英文で入力しなければなりません。次に掲げる英文リストを参考にして、それを入れてみてください。（ ）内は省略しても構わないものです。大文字や小文字の区別には神経質にならないでください。スラッシュ（／）は、「または」の意味です。

本書で扱っている新約聖書の主題

（1）ヨハネ

マリアとエリザベト（訪問） Visitation

ヨハネの誕生 （The） Birth of St. John （the Baptist）

ヨハネの命名 The Naming of St. John the Baptist / Zacharias Writes Down the Name of his

Son

荒れ野のヨハネ　St. John (the Baptist) in the Wilderness (/ Desert)

ヨハネによる洗礼　St. John the Baptist Baptizes the People

説教するヨハネ　(The) Preaching (/ Sermon) of Saint John the Baptist

ヨハネの斬首　(The) Beheading of St. John the Baptist / Herod's Banquet / (The) Dance of Salome / Salome with the Head of St. John the Baptist / Herodias' Revenge / Salome Presented with the Head of St. John the Baptist

洗礼者ヨハネ　St. John the Baptist

(St. John the Baptist と入力してクリックさえすれば、洗礼者ヨハネに関係する五四一点の画像を見ることができます。)

(2) イエス

□イエスの誕生

受胎告知　(The) Annunciation

(Annunciation と入力しクリックさえすれば、受胎告知に関係する五二九点の画像を見ることができます。)

イエスの誕生　(The) Nativity

(Nativity と入力しクリックさえすれば、イエスの誕生に関係する二三九点の画像を見ることができます。)

イエスを抱くマドンナ　Madonna and Child

(Madonna and Child と入力しクリックさえすれば、イエスを抱くマリアに関係する六六二点の画像を見ることができます。)

聖家族とヨハネ　The Holy Family with St. John the Baptist (/ Young Saint John)

マドンナ、幼子キリスト、ヨハネ　Madonna with the Infant Christ and St. John the Baptist

聖家族のエジプトへの逃避行　(The) Flight into Egypt / Rest on Flight to Egypt

幼児虐殺　Massacre (/ Slaughter) of the Innocents

□幼少時のイエス

神殿奉献　(The) Presentation of Christ (in the Temple).

神殿での博士たちとの議論　Jesus (/ Christ) among the Doctors

イエス（／キリスト）の洗礼　Baptism of Jesus (/ Christ)

荒れ野での誘惑　(Three) Temptations of Jesus (/ Christ)

□公生涯のイエス

ペトロとアンドレアを弟子にする　Calling of (the Apostles) Peter and Andrew / Calling of the Apostles

マタイを弟子にする　(The) Calling of Matthew

山上の説教（垂訓）　Sermon on the Mount

放蕩息子　Prodigal Son / (The) Pleasure (s) of (the) Prodigal Son / (The) Amusement (s)

of (the) Prodigal Son / (The) Return of (the) Prodigal Son
大量の魚　(The) Miraculous Doraught (of Fishes)
盲人を癒すイエス　Jesus (/ Christ) Healing the Blind / Healing of (the) Blind (Man)
ラザロの復活　Lazarus / (The) Raising of Lazarus / Resurrection of Lazarus
イエス（／キリスト）の変貌　Transfiguration (of Christ)
マルタとマリア　Martha and Mary
よきサマリアびとのたとえ　Parable of (the) Good Samaritan
サマリアの女　Christ and the Samaritan
カナでの婚礼　(The) Marriage (Feast) at Cana
姦淫の女　Christ and the Woman Taken in Adudltery
神殿からの金貸しの追い出し　Expulsion of the Money Changers (from the Temple) / Christ Driving the Money Changers out of the Temple
天国の鍵　Christ Handing the Keys to (St.) Peter

□十字架

エルサレムへの入場　(Christ's) Entry into Jerusalem
最後の食事　Last Supper
(Last Supper と入力してクリックさえすれば、最後の食事に関係する一五八点の画像を見ることができます。)

ゲッセマネの園での懊悩　The Agony in the Garden / Christ in the Garden of Gethsemane / Prayer on the Mount of Olives
ペトロの否認　(The) Denial of (St.) Peter
キリストの捕縛　(The) Arrest of Christ / Kiss of Judas / Taking of Christ
ピラトの前のキリスト　Christ Before Pilate
ヘロデの前のキリスト　Christ Before Herod
手を洗うピラト　Pilate Washing His Hands
この人を見よ　Ecce Homo
(Ecce Homo と入力してクリックさえすれば、エッケ・ホモに関係する四五点の画像を見ることができます。)
カルバリへ十字架を担ぐキリスト　Christ Bearing (/ Carrying) the Cross (to Calvery)
十字架上の処刑　Crucifixion / Christ on the Cross
(Crucifixion と入力してクリックさえすれば、十字架上のイエスに関係する四三〇点の画像を見ることができます。)

□十字架降下

十字架降下　(The) Deposition (from the Cross)
(Deposition と入力してクリックさえすれば、十字架降下に関係する一六二点の画像を見ることができます。)

悲しみ　(The) Lamentation (over the Christ / for Christ / of Christ)
埋葬　(The) Entombment (of Christ)
墓の中のキリスト　Christ in the Sepulcher

□復活とその後のイエス

復活　(The) Resurrection (of Christ)
(Resurrection と入力してクリックさえすれば、復活に関係する二〇五点の画像を見ることができます。)
ノリ・メ・タンゲレ　Noli me Tangere / Appearance to Mary / Christ Appearing to Mary Magdalen
ガリラヤへ現れた復活後のイエス　Appearance (of Jesus) on the Mountains in Galilee
エマオでの食事　Supper at Emmaus
昇天　(The) Ascension / (The) Ascension of Christ

(3) ヨハネの黙示録

パトモス島のヨハネ　St. John the Evangelist on (/ in / at) Patmos
ヨハネの見た幻影　Vision of St. John the Evangelist / (The) Revelation of St. John

(4) 最後の審判

最後の審判　(The) Last Judg(e)ment / The Doom / (The) Fall of the Damned / (The) Weighing of Souls / The Great Day of His Wrath

（The Last Judgment と入力してクリックさえすれば、最後の審判に関係する二〇九点の画像を見ることができます。）

本書は「ちくま学芸文庫」のためのオリジナル編集です。

ちくま学芸文庫

美術《びじゅつ》で読《よ》み解《と》く　新約聖書《しんやくせいしょ》の真実《しんじつ》

二〇〇九年十月十日　第一刷発行
二〇一〇年二月十日　第二刷発行

著　者　秦　剛平（はた・ごうへい）
発行者　菊池明郎
発行所　株式会社　筑摩書房
東京都台東区蔵前二―五―三　〒一一一―八七五五
振替〇〇一六〇―八―四一二三
装幀者　安野光雅
印刷所　中央精版印刷株式会社
製本所　中央精版印刷株式会社

乱丁・落丁本の場合は、左記宛に御送付下さい。
送料小社負担でお取り替えいたします。
ご注文・お問い合わせも左記へお願いします。
筑摩書房サービスセンター
埼玉県さいたま市北区櫛引町二―六〇四　〒三三一―八五〇七
電話番号　〇四八―六五一―〇〇五三
© GOHEI HATA 2009　Printed in Japan
ISBN978-4-480-09261-8 C0116